中英文对照

杨登新　孔娟　王恩军　译著

道德经

新说

山东人民出版社·济南

国家一级出版社 全国百佳图书出版单位

图书在版编目（CIP）数据

道德经新说：中英文对照/杨登新，孔娟，王恩军译著.
-- 济南：山东人民出版社，2021.5
　　ISBN 978-7-209-10596-5

　　Ⅰ.①道… Ⅱ.①杨…②孔…③王… Ⅲ.①道家 ②《道
德经》-青少年读物-汉、英 Ⅳ.① B223.1-49

　　中国版本图书馆 CIP 数据核字 (2021) 第 095807 号

责任编辑　隋小山
装帧设计　张丽娜

道德经新说
DAODEJING XINSHUO
杨登新　孔娟　王恩军　译　著

主管单位　山东出版传媒股份有限公司
出版发行　山东人民出版社
出 版 人　胡长青
社　　址　济南市英雄山路165号
邮　　编　250002
电　　话　总编室（0531）82098914
　　　　　市场部（0531）82098027
网　　址　http://www.sd-book.com.cn
印　　装　山东省东营市新华印刷厂
经　　销　新华书店

规　　格　16开（170mm×230mm）
印　　张　20.75
字　　数　220千字
版　　次　2021年5月第1版
印　　次　2021年5月第1次
ISBN 978-7-209-10596-5
定　　价　60.00元
　　　　　如有印装质量问题，请与出版社总编室联系调换。

WHY 为什么读《道德经》

因为喜欢读《道德经》，我曾被他人笑称：没事找事，无事生非。只回应一句："子非鱼，安知鱼之乐。"我便继续浸润在老子的世界里。

曾听有人言，不读《道德经》，不足以为官；不读《道德经》，不足以经商；不读《道德经》，不足以处世。马云就说过这样一句话："这哪里是我在读老子，明明是老子在读我，而且他读到了我内心的最深处。"鲁迅先生也说过，不读《道德经》，不知中国文化，不知人生真谛。

我读《道德经》，一不为官，二不为商，三不为处世，主要目的是解惑。我就是想弄明白这样几个问题：中华文化的根在哪里？中西方文化到底有什么不同？为什么？古代中国人的观点是否科学？《道德经》《论语》等为什么能影响中国几千年而且愈来愈强？现代理念与古代主张有什么本质的不同？等等。斗胆说，我读《道德经》的目的与鲁迅先生想的差不多。

在我看来，《道德经》为我们展示的是老子的世界观、价值观、人生观与方法论。《道德经》教我们如何修身、齐家、治国、平天下。具体内容我不做任何导引，以免有先入为主之嫌。再说，能够达成共识的注解少之又少。在这里我只是打个比喻表明我的感慨：《道德经》就像是八十一串项链，串起了五千多颗晶莹剔透、价值连城的宝珠。为何会有此比喻？请各位到书中寻求答案。

读《道德经》有什么要求呢？一位周姓道长提出了八个字：明确主旨，掌握关键。我十分赞成。

所谓主旨，可以用四个字来概括：尊道贵德。所谓关键，是领悟道与德的含义。

道有三层意思。第一是大道，大道是构成宇宙万物的最初本源，是宇宙万物存在和运动的依据。第二是天道，天道是支配物质世界变化的普遍规律。第三是人道，指做人的道理；社会的伦理关系；尊重人类权利，爱护人的生命，关心人性的理念。

德的内涵也有三个。1. 道为本，德为用。"道生之，德畜之"，意思是道生万物，德养万物。2. 德是道之得。所谓德，就是得到了道。道体虚无，德则存在于具体每一物中，是道性在万物中的体现。3. 德是社会伦理，即人们共同生活及行为的准则和规范。

几千年来，研读《道德经》的人数不胜数，但没有一个人敢说透彻理解了《道德经》，我觉得是因为这个宇宙中的奥秘至今有些无解。只要宇宙不解，《道德经》就不解。

许多作者可能有过类似的经历，就是当你完全沉浸在读书、写书的过程中时，做梦都想着书中的内容。有些想法就来自梦中的灵感。梦中的自己在与书中的人物对话，仿佛在讨论说话者的本意、词义的延伸，又仿佛在暗示作者应该如何写下去。这种事发生在《道德经》上不足为奇。一本书被人读了几千年，一个人可以读上无数遍，而每一次读都会让读者浮想联翩、思如泉涌、欲罢不能。

《道德经》就是一本神书！它是上天给人类的启示，是全人类的圣经。它令众山仰止！

总而言之，《道德经》不得不读，但不虚极静笃，不去观复，是读不懂老子的。

杨登新

2017 年 5 月 18 日

HOW 如何读《道德经》

读《道德经》，对我来说属于做课题研究时获得的副产品。2015 年初，我开始对理财文化产生了兴趣，一直想从中西方理财文化差异方面寻求破题，所以对中西方文化的"根"动了心思，于是就有了读《道德经》《论语》以及古希腊哲学著作的计划。

那么，如何读《道德经》呢？周姓道长的六字原则颇具价值。它们是：诚读、静读、常读。

所谓诚读，就是带着诚意、信任去读，带着寻求答案的诚心去读；所谓静读，就是在环境安静尤其是心安静的时候去读；所谓常读，自然就是有时间就读，持之以恒地读。

具体到每一章又应该怎么去读呢？

作为普通读者，我是按照下面十个字的步骤读《道德经》的：静读、反思、设问、考据、撰写。

　　静读：安排专门时间认真阅读《道德经》原文及相关解读。原文，朗读更好，背诵最好。

　　反思：思考老子为什么这样说，他的本意是什么，与现实有什么异同，对当代有什么启发等等。

　　设问：就本章提出问题，也可以综合全文提出困惑。

　　考据：充分利用现有的信息手段，不厌其烦地去考据某个词句的真正内涵。

　　撰写：参考网友的注解，补充、完善原来的注解。新的注解要在考据的基础上切中时弊，反映本人的困惑与思考。

　　开始读《道德经》的时候根本读不进去。汉字 99% 以上都认得，但就是读不懂。说句不嫌丢人的话，译成英文的《道德经》，我还能读通，可原版的《道德经》理解起来却困难重重。《论语》我曾读过，当时没觉得有多么难，以为《道德经》也不过如此。没料到，读了数遍，仍然没有找到一点感觉。有的词语我查了若干遍，仍然记不住，一方面是因为我上了年纪，记忆力不如从前，二是因为我不能准确地把握古文字的内涵。

　　然而，我没有轻言放弃，而是愈战愈勇。实事求是地说，我从来没有如此认真地读过一本书。如果用数字来衡量，《道德经》的每一章我都读了不下百遍，而且这次不只是阅读，我还借助于网络去拜师求友。至少有三位老师给我帮助甚大。

　　先是古诗文网。我最早在这里接触到《道德经》的原文、注释、现代汉语译文、评析。可以说，古诗词网是我学《道德经》的启蒙老师。上面的注释比较详尽，评析比较客观，现代汉语译文比较准确。

　　再说许渊冲先生的英译本。因为专业的关系，我便有了寻找英译本的想法。等搜到许先生的译本后，简直是爱不释手。原来接触过许老翻译的唐诗宋词，但没想到许先生能把《道德经》也译成了诗。相比其他译本，许老的译本堪称经典。这样，看着古诗词网上的汉译，参考许先生的英译，我终于打开了《道德经》的大门。说句实话，没有许先生的英文版本，就没有我的《道德经新说》，所以怎么表示感谢都不为过。

众所周知，入门容易，真正理解《道德经》的深层意义就太难了，尤其是对我这种对古汉语、哲学、宗教、历史等相关知识不甚细致了解的人来说。此时，我注意到了网上提及南怀瑾先生是这方面的大师级人物，便急忙找来老人家的大作拜读。南先生知识沉淀深厚无比，尤其是对佛家、道家及西方宗教的研究十分透彻。他谈古论今，以古喻今，让我佩服得五体投地。

开始记笔记、写注释是有感而发。共鸣有了，不得不发；疑惑来了，不得不问，所以刚开始的笔记可能只是一两句话，一两个问题，没有能力展开，而且理解很肤浅。随着理解的深入，感慨越来越多，以至于不得不再注《道德经》。如果说开始注解《道德经》是一些肤浅的表面文章的话，那么再注《道德经》就涉及一些哲学、社会学，甚至教育学方面的深层知识了。也有小部分想法和见解参考了一些无名网友的意见。因我非常欣赏这些见解，便谨慎取来。值此，对无名网友特致谢忱。

还有一件事令我十分自豪。一日，我忽然想到，《道德经》总计八十一章，为什么都没有标题呢？如果有标题的话，理解起来不更能突出重点，有利于记忆吗？我知道这样想应该不是什么创新，以前肯定有人曾做过，便上网去搜，果然找到了两种。一种是台湾佛教人士法海给出的标题句；另一种是一位《道德经》研究者给出的标题诗。不知为什么，这两种标题都没有令我满意。前者似佛语，与老子的本意不见得相符；后者勉强为诗，但我总觉得题不对文。于是我只好亲自捉笔。绝大部分标题是来自文章原有的语句，少数标题是根据我对文章的理解自撰。但愿我给出的标题能对记忆、理解《道德经》有所帮助。

读了《道德经》，对中华文化的起源有了些许了解，知道了一些传统思想的出处，原来萦绕在头脑中的一些困惑终于得解，同时也为中华文化的博大精深，为老子、孔子等中国古代哲人的智慧所折服。

现在，仍然有很多问题得不到答案，有些观点甚至还前后矛盾。不过，我已经有了足够的思想准备与耐心，也找到了提高读书与笔记效率的先进方法，所以我计划再多读、多听《道德经》的原文，尔后写出更精彩的注释放在博客上与大家共享。遗憾的是，我原来关注的理财文化课题研究肯定要延后了。

杨登新

2019 年 12 月 12 日

WHAT 从《道德经》中能读出什么

菜的味道取决于厨师，但书的味道在更大程度上却是由读者决定的。同样一本书，读者不同，可以读出不同的味道。同样一本书，同一个读者，不同的时间，不同的环境，不同的心境，甚至可能因为有不同的伴读者，也可以读出不同的味道。

《道德经》，一本纯粹的中国书，但有人能读出希腊味，有人能读出德国味。就内容而言，有人能读出治国安邦的味，有人能读出养生延寿的味，还有人能读出治军的味；就时间而言，有人能读出春秋战国的味，还有人能读出新中国的味。

刚开始读《道德经》的时候，你会觉得味同嚼蜡，难以下咽；再读，你会觉得清汤寡水，淡而无味；三读，你会品出一点香、一点甜、一点辣，或者一点酸；接着读，你会觉得津津有味，类似珍馐美馔；继续读下去，你会觉得满口飘香，回味无穷，俨然变成了你舌尖上的味道。

当你成功时，你会读到：金玉满堂，莫之能守；富贵而骄，自遗其咎。功遂身退，天之道。

当你失败时，你会读到：飘风不终朝，骤雨不终日。孰为此者？天地。

天地尚不能久，而况于人乎？

当你突然暴富，不知道钱怎么花的时候，你会读到：五色令人目盲；五音令人耳聋；五味令人口爽；驰骋畋猎，令人心发狂；难得之货，令人行妨。

当你不知道如何判断一位领导人的治国方略是否适合的时候，你会读到：太上，不知有之；其次，亲而誉之；其次，畏之；其次，侮之。

当你不理解有些人非常了得但却十分低调的时候，你读到：不自见，故明；不自是，故彰；不自伐，故有功；不自矜，故长。

当你不明白为什么那么多勇猛的武将对毛主席顶礼膜拜、俯首帖耳的时候，你会发现：执大象，天下往。往而不害，安平太。

当你不理解每当国家大政方针出台也总有人反对时，读一读：上士闻道，勤而行之；中士闻道，若存若亡；下士闻道，大笑之。不笑不足以为道。

当你为名利所累的时候，读一读：甚爱必大费；多藏必厚亡。知足不辱，知止不殆，可以长久。

当你发问老子为何能成为圣人的时候，他说：我有三宝，持而保之。一曰慈，二曰俭，三曰不敢为天下先。慈故能勇；俭故能广；不敢为天下先，故能成器长。

当你发现有人越来越富，有人却越来越穷的时候，读一读：天之道，损有余而补不足；人之道，则不然，损不足以奉有余。

当你对某些人热衷慈善而感到奇怪的时候，读一读：圣人不积，既以为人己愈有，既以与人己愈多。

从《道德经》中，你可以读出温柔，也可以读出刚强；可以读出恬静，也可以读出善良；可以读出唯美，也可以读出清爽；可以读出淳朴，也可以读出幽香；可以读出诚信，也可以读出礼让。

从《道德经》中，你可以读出自然，也可以读出玄妙；可以读出盈和，可以读出徼昧，也可以读出惚恍。

从《道德经》中，你可以读出虚静，可以读出寡欲，读出希言，读出袭明，也可以读出大象；你可以读出忠信，读出清宁，读出无隔，读出晚成，也可以读出阴阳。

从《道德经》中，你可以读出损益、无为、不争、知足、贵德、尊道、不拔、不脱、亲疏、利害、贵贱、自化、自正、积德、长生、美言、美行、毫末、累土、足下、慎终、玄德、善下，也可以读出欲上。

从《道德经》中，你还可以读出慈俭，也可以读出勇广；可以读出胜固、制怒、被褐、怀玉、病病、自爱、善谋、和怨、无亲、甘食、美服、安居、乐俗、守中、不积、不辩、不勤、地久，也可以读出天长。

这些味道是老子穷其一生读书、观察、研究上古几千年的自然、社会、国家与人的时候的发现与总结，也是我们每一个认真的读者所能慢慢感受到的。可以肯定地说，后来人写的书也有各自的味道，但像《道德经》一般如此文字精要又涵盖万象的书少之又少，五千多个字像五千多颗珍珠，串起了上下数千年，说其为天下书之鼻祖一点都不为过。

简言之，《道德经》让我们闻到了文明的气息与味道。虽说不是唯一的泉源，但读罢《道德经》，一个中国人才会明白自己为什么是今天这个样子，这个国家为什么是今天这个样子，为什么中国人总是和外国人想不一样。

杨登新　孔　娟　王恩军

2020 年 1 月 20 日

目 录

第一章	众妙之门	001
第二章	否极泰来	005
第三章	人性淳朴	010
第四章	万物之宗	014
第五章	天地不仁	018
第六章	用之不勤	021
第七章	天长地久	023
第八章	上善若水	026
第九章	功成身退	029
第十章	生而不有	032
第十一章	无以为用	036
第十二章	圣人为腹	039
第十三章	荣辱不惊	042
第十四章	惚恍恍惚	045
第十五章	不盈则成	049
第十六章	致虚守静	052
第十七章	功成事遂	056
第十八章	物极必反	060

第十九章	绝学无忧	065
第二十章	人之所畏	069
第二十一章	宁信其有	074
第二十二章	圣人抱一	078
第二十三章	希言自然	082
第二十四章	欲速不达	086
第二十五章	道法自然	089
第二十六章	轻则失根	093
第二十七章	尽人所能	096
第二十八章	知雄守雌	100
第二十九章	无为不败	104
第三十章	物壮则老	108
第三十一章	不祥之器	112
第三十二章	适可而止	117
第三十三章	知己者明	121
第三十四章	道不自大	125
第三十五章	大道无垠	128
第三十六章	以柔克刚	132
第三十七章	无为自正	136
第三十八章	上德不德	140
第三十九章	下为高基	145
第四十章	有生于无	150
第四十一章	大象无形	153
第四十二章	物损而益	158
第四十三章	无为之益	163

第四十四章	知足不辱	167
第四十五章	大成若缺	171
第四十六章	知足常足	174
第四十七章	不为而成	177
第四十八章	无为不为	180
第四十九章	善者吾善	184
第五十章	出生入死	188
第五十一章	长而不宰	192
第五十二章	天下有始	196
第五十三章	下士好径	200
第五十四章	善建不拔	204
第五十五章	含德之厚	208
第五十六章	知者不言	213
第五十七章	以正治国	217
第五十八章	福祸相依	221
第五十九章	治人尚啬	225
第六十章	以道治国	228
第六十一章	大者宜下	231
第六十二章	美行加人	236
第六十三章	圣人无难	239
第六十四章	无为无失	244
第六十五章	淳朴治国	248
第六十六章	善下成王	252
第六十七章	我有三宝	255
第六十八章	不争之德	259

第六十九章　　哀者必胜　　　　　　　　　262

第七十章　　　知我者希　　　　　　　　　266

第七十一章　　圣人不病　　　　　　　　　269

第七十二章　　自爱自威　　　　　　　　　272

第七十三章　　天网恢恢　　　　　　　　　275

第七十四章　　民不畏死　　　　　　　　　278

第七十五章　　民之轻死　　　　　　　　　282

第七十六章　　兵强则灭　　　　　　　　　286

第七十七章　　取余补缺　　　　　　　　　289

第七十八章　　受国不祥　　　　　　　　　293

第七十九章　　天道无亲　　　　　　　　　296

第八十章　　　小国寡民　　　　　　　　　300

第八十一章　　为而不争　　　　　　　　　303

后记　　　　　　　　　　　　　　　　　　307

参考书目：　　　　　　　　　　　　　　　310

CONTENTS

001 / Chapter 1   Key to All Mysteries

005 / Chapter 2   Out of the Depth of Misfortune Comes Bliss

010 / Chapter 3   Humans Are Born to Be Simple

014 / Chapter 4   Mother of All Things

018 / Chapter 5   Heaven and Earth Are Both Ruthless

021 / Chapter 6   When Used, the Law Seems Endless

023 / Chapter 7   Heaven and Earth Exist Forever

026 / Chapter 8   The Highest Good Is Like Water

029 / Chapter 9   Withdrawal after Success Conforms to the Law

032 / Chapter 10   Give Life, but Lay No Claim

036 / Chapter 11   When Empty, It Is Useful

039 / Chapter 12   Sages Satisfy the Belly

042 / Chapter 13   Who Isn't Alarmed to Get Favor and Disgrace

046 / Chapter 14   To Be or Not to Be

049 / Chapter 15   Those Not Going to Excess Can Update

052 / Chapter 16   Be Empty-minded and Hold Fast to Serenity

056 / Chapter 17   When Things Are Done

060 / Chapter 18   Extremes Meeting, Things Will Go Opposite

065 / Chapter 19   No Learning, No Worry

070 / Chapter 20   Can I Not Fear What Others Fear

075 / Chapter 21   Believe It or Not, It's up to You

078 / Chapter 22   The Sage Holds on to One

082 / Chapter 23   It Is Natural to Speak Little

086 / Chapter 24   More Haste Makes Less Speed

089 / Chapter 25   The Divine Law Follows Nature

093 / Chapter 26   Light, the Base Will Be Lost

096 / Chapter 27   Enable People to Do What They Can

100 / Chapter 28   Learn to Be a Stream in a Vale

104 / Chapter 29   No Interference, No Failure

108 / Chapter 30   The Prime Is Followed by Decline

113 / Chapter 31   Weapons Are Threatening Tools

117 / Chapter 32   Enough Is Enough

121 / Chapter 33   It Needs Intelligence to Know Oneself

125 / Chapter 34   The Divine Law Never Claims to Be Great

128 / Chapter 35   The Divine Law Is Boundless

132 / Chapter 36   Conquer the Strong with the Weak

136 / Chapter 37   Without Interference, the World Will Be Peaceful

141 / Chapter 38   A Man Claiming to Be Virtuous Has No Virtue

146 / Chapter 39   The High Is Based on the Low

150 / Chapter 40   The Form Comes from the Formless

154 / Chapter 41   A Great Image Is Formless

159 / Chapter 42   Things May Gain When They Seem to Lose

163 / Chapter 43   The Benefits of Doing Nothing

167 / Chapter 44   Contentment Brings No Shame

171 / Chapter 45   Perfection Does Not Appear Flawless

174 / Chapter 46   One Who Knows Contentment Is Always Satisfied

177 / Chapter 47   The Sage Accomplishes All without Doing Anything

180 / Chapter 48   When You Need to Do Nothing, You Can Do Everything

184 / Chapter 49   The Sage Is Kind to Those Who Are Kind

188 / Chapter 50   Once Born, People Are Dying

192 / Chapter 51   Lead, but Not Rule

196 / Chapter 52   The World Has a Beginning

200 / Chapter 53   Some People Like By-path

204 / Chapter 54   What Is Well Established Cannot Be Uprooted

209 / Chapter 55   A Man of High Virtue

213 / Chapter 56   Those Who Know Do Not Speak

217 / Chapter 57   Win the World by Doing Nothing Wrong

222 / Chapter 58   Fortune and Misfortune Live Together

225 / Chapter 59   To Rule People, Nothing is Better than Frugality

228 / Chapter 60   Rule the State with the Divine Law

231 / Chapter 61   A Large State Had Better Take a Lower Position

237 / Chapter 62   Good Behavior Can Help Win Followers

239 / Chapter 63   The Sage Has No Difficulties

244 / Chapter 64   No Interference, No Loss

248 / Chapter 65   Rule the State with Honesty and Simplicity

252 / Chapter 66   A Ruler Takes a Lower Position

255 / Chapter 67   I Have Three Treasures

259 / Chapter 68   The Virtue of Non-contention

262 / Chapter 69   The Aggrieved Side Will Win

266 / Chapter 70   Few People Understand Me

269 / Chapter 71   The Sage Does Nothing Wrong

272 / Chapter 72   Those Who Respect Themselves Fear Nothing

275 / Chapter 73   Heaven Spreads a Boundless Net

278 / Chapter 74   The People Do not Fear Death

282 / Chapter 75   The People Make Light of Their Death

286 / Chapter 76   A Stronger Army May Be Destroyed

289 / Chapter 77   Compensate the Insufficient by Reducing the Excess

293 / Chapter 78   A Ruler Bears the Calamity of a State

296 / Chapter 79   The Divine Law Has No Preference

300 / Chapter 80   A Small State with Sparse Population

303 / Chapter 81   A Sage Does What He Can but Contends with None

第一章

众妙之门

原文

> 道可道，非常道。名可名，非常名。"无"，名天地之始；"有"，名万物之母。故，常"无"，欲以观其妙；常"有"，欲以观其徼。此两者，同出而异名，同谓之玄。玄之又玄，众妙之门。

注释一

1. 常：恒久不变。

2. 徼（jiào）：此处指事物的归属和终点。

英译

Key to All Mysteries

The divine law can be expressed in words,

but it is not a common law;

The name can be uttered in words,

but it is not an ordinary name.

Not-being can be used to describe the situation

before the chaos of heaven and earth,

while Being is the mother of all the things in the universe.

Therefore, we should always observe and understand

the secret of the divine law from Not-being,

and its manifestations from Being.

With the different names,

Not-being and Being have the same origin，

and they can both be called Essence.

Far more mysterious and profound than we think,

the law is the key to understanding all of the mysteries in the universe.

注释二

1."道"的英译

"道"这个词在汉语中至少有两个解释。一是一般意义上的"路、方法"，用 road 或者 way，甚至 avenue 等词去对应是不会引发歧义的。但对"道"的第二种解释，即非一般意义上的"规律"，大家的译法就千差万别了。如 Arthur Waley 就译成 the Way，更多的人，如辜正坤等，译成 the Tao, the Dao，甚至有人译成 God。而许渊冲则别具一格地译成 the Divine Law。恰恰是他的别出心裁打动了本书的作者。其实,此类翻译很多时候无所谓对错,甚至无所谓好坏,只是大家对原文的理解不同而已。本书作者推崇许译，是因为作者认为汉语拼音虽然能恰当对应，但对以英语为母语的读者而言，理解的难度始终存在，因为"道"的丰富内涵毕竟不是"功夫""饺子"等词所能比拟的。Waley 虽然大写了 W，但在读者脑海中形成的图示仍然不如 Law 有气势。有人认为 law 一词与法律有关，但老子的"道"不就是自然运行的根本大"法"吗？

话又说回来，既然老子的"道"与赫拉克利特的"Logos"有异曲同工之妙，可是为何没有人选用 Logos 去翻译"道"呢？

2. "有"与"无"的英译

除了"道"之外，对"有"和"无"的翻译，大家可能疑惑也不少。我们常用到的"有"可以用 have 或者 there be 去对应，但《道德经》中的"无"指宇宙诞生前的状态，而"有"则指万物出现后的状态。辜正坤把"无"译成 Nothingness，把"有"译为 Existence，从字面上容易被读者接受。Arthur Waley 则使用了 the Nameless 和 the named，第二章使用了 Being 和 Not-being。许渊冲选用的是 not to be 和 to be，联想到莎士比亚的名句：To be, or not to be, that is the question，顿时感到此译颇具传神色彩。我们则折中了一下，有的章中用了 Not-being 和 Being，有的章中用了 not to be 和 to be。

3. "妙"与"玄"的英译

"妙"的本意是"微之极"，而"玄"形容的是看不见也听不见的事物。Arthur Waley 分别使用了 Secret Essence 和 Mystery；辜正坤使用了 subtley 与 myriad secret being；而许渊冲选用了 internal mystery 和 essence； 我们则使用了 secret 和 mystery 对应"妙"，以 essence 对应"玄"。可以说是大同小异。

新说

一般意义上的"道"，指道路、方法、技艺或思想体系。这个字，在殷商时期（公元前 1600 至公元前 1046 年）的甲骨文中就已经出现。《易经》认为，天地万物都处在永不停息的发展之中，其阐述的就是这个自然而然的规律，这个规律称为"道"。这个规律揭示了整个宇宙的特性，囊括了天地间所有事物的属性。而《道德经》中的"道"，指的应该是同样的意思。所谓应该，是因为至今人类仍然没有从科学上找到一个颇具说服力的答案，所以很多时候我们会把"道"同"神"、"上帝"同列。比如，《圣经》新约约翰福音开头就说，"太初有道，道与神同在，道就是神。"在希腊语《圣经》中，有一个词 LOGOS（逻各斯）。LOGOS 的本意是：语言、说明、比例、尺度等，由古希腊哲学家赫拉克利特（Heraclitus，公元前 540 年至公元前 484 年）引入哲学。他认为 LOGOS 是一种隐秘的智慧，是世界万物变化的一种微妙尺度和准则，它充塞于天地之间，弥漫无形。你一定注意到了，这不就是西方的"道"吗？比较一下年代，你不认为这是一件很奇妙的事情吗？

一般意义上的"名"，主要指人或事物的称谓，产生于氏族社会（约10,000 年前）时期。它的定义是，"名，自命也，从口夕，夕者，冥也，冥不相见，故以口自明"。意思是，"黄昏后，天暗黑不能相认识，各以代号称"，但《道德经》中的"名"，却指"道的形态"。所谓形态，是说："道"本无象，一旦说出来，看出来，听出来，就有了"名"。

那么，如何理解"有"和"无"呢？一般来讲，"有"指"存在"；"无"，与之相对，指"不存在"。《道德经》中，"本无"却被看成是天地的原始，"妙有"被看成万物的来源。意思是说，道（或称帝、上帝）创造了世界，于是"无"中生"有"。如果想推测事物的始末，寻找宇宙的起源，就必须理解"无"。"无"="道"="内部"="不可见"。如果想理解"有"，就必须观察万物的形态，寻找万物的"名"。"名"=边际=外部=可见。在《道德经》的英文版中，许渊冲把"有、无"译成了"to be, not to be"。岂不也妙哉？

"玄"的本意，一是指黑色，引申为难以观察的；二是指"极其细小的生物"，但到底小到什么程度呢？"玄之又玄"，难道是说"道"是一种"超物质"，或者"暗物质"吗？

老子的《道德经》是中国传统文化的鼻祖。读之、思之，对中国很多文化现象会有更深的理解。在一个未开化的社会里，老子能够发现自然规律并以此指导自身行为，被后人称为"圣人"一点也不为过。如果能对比着读一些古希腊哲学家的著作，相信对理解东西方文化差异肯定有很大的帮助。反过来讲，如果西方的领导人能读一读中国古人的作品，对了解东方文化和中国人一定会大有裨益。德国哲学家尼采就说过：老子思想像一个永不枯竭的井泉，满载宝藏，放下水桶，唾手可得。因此，《道德经》的英译可以看成是一件功德无量的事情。

第二章

否极泰来

原文

> 天下皆知美之为美，斯恶已。皆知善之为善，斯不善已。有无相生，难易相成，长短相形，高下相盈，音声相和，前后相随。恒也。是以圣人处无为之事，行不言之教；万物作而弗始，生而弗有，为而弗恃，功成而弗居。夫唯弗居，是以不去。

注释一

1. 恶（è）已：恶、丑。已，通"矣"。

2. 音、声：合奏出的乐音叫做"音"，单一发出的音响叫做"声"。

3. 作：兴起。

英译

Out of the Depth of Misfortune Comes Bliss

It is well known in the world that

beauty exists because of ugliness.

And the reason

why good is good is the existence of evil.

So Being and Not-being transform into each other,

the difficult and the easy form each other,

the long and the short manifest each other,

the high and the low enrich each other,

sound and voice harmonize with each other,

and the before and the after follow each other,

all of the above laws are

Therefore, the sage treats the world

from the perspective of doing nothing,

enlightens all things in a silent way,

allows them to rise naturally without intervention,

gives birth to all things without taking them as his own,

tends to do something but not interfere,

and makes great successes without relying on them.

Just because he does not take credit,

he has nothing to lose.

注释二

1. "为" "不为" 与 "无为" 的英译

"不为"是老子的核心思想之一，其内涵丰富，以至于很难选到合适的对应词语来表达。doing nothing 能表达"不为"的表层意思，但容易导致误解，让读者以为"什么事都不做"。因此，辜正坤用了 behave without taking unnatural action 或者 inaction; 许渊冲用了 not interfere、do everything without interference、no interference; 而 A.Waley 使用了 not interfere、actionless activity。虽然总感觉有些牵强，但实在难以选出一个完全对应老子"不为"内涵的表达方式，有时不得不通过加引号的方式来提醒读者注意。为了避免重复，我们根据句子结构的需要分别采用了 doing nothing、not interfere、without intervention、without interference 等方式。

2. "美"与"恶" "善"与"不善"的英译

对比三个著名版本的英译，我们感到有点疑惑。如辜正坤用了 the beautiful、the ugly 来对应"美"与"恶"，用了 the good、the bad 对应"善"与"不善"，尚可接受。而许渊冲用了 fair、unfair、good、not good，总感觉词不达意。A.W. 使用的 beauty、ugliness、virtue、wickedness 倒也比较准确。但为什么没有人用 kind、unkind 呢？

3. "前"与"后"的英译

因为考虑的角度不同，不同的译者使用了不同的表达方式。辜正坤考虑的是位置：front、back；许渊冲考虑的是时间：before、after；A.W. 与辜译相同。本章我们使用了 before、after，在以后我们则使用了 front、rear。

4. "万物"的英译

就这个词，中国译者显然更能理解老子。辜正坤和许渊冲都用 all things 或者 everything。而 A.W. 却采用了直译的方式：the ten thousand creatures、the Ten Thousand things 颇让我们觉得译者有点可爱。

5. "天" "天下"与"天地"的英译

"天"本身也是个多义词，所以用不同词语对应情有可原，但万变不离其宗。辜正坤：the whole world、许渊冲：in the world、heaven and earth；A.W. ：Heaven and Earth。只是"天下"被其译成 under Heaven 挺好玩的。在我们眼里，看得见的"天"是 sky，看不见的"天"是 Heaven。但有的时候，我们也把"天下"译成（in）the universe，甚至是 state，自然是依据需要而定的。

新说

世间万物既对立又统一。正是这种对立统一才使得自然和谐。如果我们强加干涉，就会破坏原本的和谐，也便破坏了本来的美。这是唯物辩证法的基本原理，中学大都学过，但当时不一定懂。

有美，就有不美，而我们都愿意选择美而摒弃不美。可是不美的东西，并没有因为我们不选择而消失，而且美一旦过度，也可能变成不美。换句话说，没有绝对的美与不美或善与不善，结论往往取决于人们判断的标准与时空。而且，正因为美与不美可以转换才产生了和谐。试想一下，如果一个人的视野里都是美的东西，他一定会产生视觉疲劳，美也就不成其美了。如果不能转换，那不总是对抗吗？对抗还有和谐吗？同样的道理，有与无、难与易、长与短、高与下，两者相生相克，如影随形。这属于自然规律，因此遇到了无、难、短、下的境况，不要有任何的抱怨，而要学会等待，学会适应，或者设法去改变。

黑格尔曾有言，存在即合理。最初我也似懂非懂。事实上，很多事情是老天已经安排好的。如：有生就有死，绝对没有长生不老，除非时空转换，宇宙消失。

哲学家看问题是辩证的，一般不走极端，由此才能看透事物的本质，也才能明白"道"之内涵。《易经》提出：一阴一阳之谓道，刚柔相推而生变化。韩非也说过，物必有盛衰，凡事必有弛张。赫拉克利特指出，神是昼又是夜，是夏又是冬，是战争又是和平，是有余又是不足。这一变换过程永不静止，并且在对立中保持平衡。马克思、恩格斯吸取了黑格尔的辩证法思想，创立了唯物辩证法和对立统一规律的科学形态。毛泽东的《矛盾论》对对立统一规律进行了全面而深刻的论述。

但圣人为什么提倡处无为之事、行不言之教呢？我以为，圣人是想用自己的行为来证明，对立统一是大自然运行的规律。无为，可以理解为"不干涉，不乱为"，而非"不做事，不作为"；"不言之教"，可以理解为"以身作则"。做好自己该做的事不就是很好的榜样吗？把"无为"解释成"各扫门前雪"，不是很好理解吗？

没有"无"，哪来"有"？没有恶，哪有美？没有善，何来不善之称谓？故一切概念都是相对的。

比起有钱人来，我过得很贫穷；与无钱人相比，我又非常富足。所以，我应该知足，否则只能徒增烦恼。

就是取得了点滴成绩，也不要自以为有多么了不起，更不能自我膨胀自我吹嘘，因为物至极必反，泡沫大了是会破的。

第三章

人性淳朴

原文

不尚贤，使民不争；不贵难得之货，使民不为盗；不见可欲，使民心不乱。是以圣人之治，虚其心，实其腹，弱其志，强其骨。常使民无知无欲。使夫智者不敢为也。为无为，则无不治。

注释一

1. 尚：崇尚，尊崇。

2. 贵：重视，珍贵。

3. 见（xiàn）：通"现"，出现，显露。此处是"显示，炫耀"的意思。

英译

Humans Are Born to Be Simple

If we do not honor heroes and sages,

we will not make common people

compete for fame and wealth;

if we do not value rare possessions,

none will steal and rob;

if we do not show off what can cause greed,

none will be confused.

Therefore, the governance principle of the sage is:

to empty the minds of the people,

but to fill their bellies;

to weaken the competitive intention of the people,

but to strengthen their bones

so as to keep the people knowledgeless and desireless.

Hence, those who are clever do not dare to make trouble.

If the sage acts in accordance with the principle of doing nothing,

the world will be at peace.

注释二

1. "治"的英译

因为《道德经》中很多内容与"治国"有关,而老子的"治"主要意思是"统治"或者"治理",所以,大多译者使用了 rule 这个词,也有的选用了 govern。如果用"治"表达一种状态,那么用 in order 或者 at peace 是无可非议的。

2. "尚" "贵" 与 "见" 的英译

对上述三个动词的不同翻译,足以说明译者可能存在不同的理解。如 Arthur Waley 使用了 put in power、set store、see;许渊冲使用了 honor、value、display;辜正坤使用了 disregard(不尚)、value、conceal(不见)。本书作者以为此"见"(xian)应该有"显摆"之意,所以分别使用了 honor、value 和 show off,自以为能更好地表达老子的本意。

3. "虚其心"的英译

"心"本身可虚可实。看得见的我们一般用 heart，看不见的一般用 mind，还有一个表达"魂"的词 soul。没想到，这几个词都被译者拿了过来。辜正坤把"虚其心"译成 simplify one's mind，本书作者以为不错。许渊冲译成 purify one's soul，有点高大上的感觉。而 Arthur Waley 用的 empty one's heart 则使人感觉太直了。最后，我们用了 empty one's minds。

新说

在和平年代，生性质朴的人们过着祥和的生活。然而，每当社会发生变乱，所谓仁义道德这些人伦的规范必然会惨遭破坏。与之相应，乱世也是人才辈出、孕育学术思想的摇篮。老子生活的春秋战国时期正处于这样一个阶段。

持续不断的战争使得国家失去了秩序，没有了管制与约束。为了争得更大的地盘，各路诸侯纷纷招兵买马，招贤纳士，各种头脑灵活的贤人也使尽浑身解数，甚至不惜走歪门邪道，以佐其主。战争也成了掠夺对手资源的机会，赢得战争的一方自然不放过展示其战利品借以鼓舞士气的时机，于是产生了一种恶性循环。

崇尚知识，尊重人才，就有了正面标准的建立，但同时就有了反面作伪模式的出现，这意味着知识、才华也可能起反作用。是否可以这样说，法律本就是给违法者制定的。当然，由大乱到大治也是对立统一吧。

老子建议采取愚民的做法，主张培育顺民即身体强健的无脑人。这多么像一个不会思考只会干活的机器人啊！不知老子有没有想到，这合乎道吗？至少这不符合现在的科学。试想，一个不学无术的人会"为无为"吗？一个不尚贤的君主能治理国家吗？一个"不争"的民族能常立于世界民族之林吗？

某种意义上说，老子的治国理论与现代的治国思想有些不同。当今社会鼓励竞争，鼓励创业，尊崇人才，鼓动内需，张扬奢华，致使人们追求享受，迷恋财富和金钱。从某种意义上讲，这推动了社会的发展，但这种发展往往是以破坏自然环境为代价的，而且有些破坏是不可逆的。不过，按照阴阳学说，事物的变化也是符合道的，与时俱进才是上策。

闻老子之言，想二千年前的境况，与当今社会其实没有不同。治国者很难按照无为的原则去做事，想必是因为每一位统治者就像现在的官员一样总想着"为官一任造福一方"吧！

第四章

万物之宗

原文

> 道冲，而用之或不盈。渊兮，似万物之宗。挫其锐，解其纷，和其光，同其尘。湛兮，似或存。吾不知谁之子，象帝之先。

注释一

1. 冲（chōng）：空虚、无形。

2. 挫（cuò）：消磨，折去。

3. 和：调和。

4. 同：混同。

5. 湛（zhàn）：隐没。

英译

Mother of All Things

The great divine law is formless,

but its use is inexhaustible.

How profound it is!

It seems to be the ancestor of all things in the world.

The divine law blunts its own sharpness,

eliminates its own trouble,

softens its own glare,

and mixes itself with dust.

The divine law seems to have disappeared,

but it actually exists.

I do not know whose descendant it is,

but it seems to have appeared earlier than Haotian God,

which represents all observable matter.

注释二

1. "冲" "盈" "纷" "湛" 与 "渊" 的英译

"冲"的本意是空虚、无形，结果 Arthur Waley 和辜正坤用了 empty，而许渊冲与本书作者选用了 formless。

"盈"是"满"的意思，Arthur Waley 用了 need to be filled 来翻译"不盈"，许渊冲用了 inexhaustible 表达"没有尽头"之意，颇得本书作者欣赏，觉得比辜正坤的 plentiful 更贴切。

"纷"的翻译更是出现了四个完全不同的词。Arthur Waley 用的是 tangle，许渊冲用的是 knot，辜正坤用的是 entanglement，而我们以为"纷"此处有"纷争、纠纷"之意，故使用了 trouble。

"湛"的意思是"隐没看不见的"，Arthur Waley 译成了 deep；许渊冲译成了 not apparent，辜正坤使用了 formless and invisible，我们则根据句子结构的需要译成了 seem to have disappeared。

"渊"，意为"深 + 远"。Arthur Waley 用 bottomless，许渊冲用 endless，辜正坤用 profound，我们开始用了 far-reaching 这个词，后来觉得还是 profound 更合适些。

2. "帝"的英译

实事求是地讲，"帝"这个词的翻译令我们犹豫。Arthur Waley 使用了 the Ancestor，辜正坤和许渊冲都使用了 God，而我们则想尽量避开使用 God 一类词，因为它容易让人联想到西方宗教之"上帝"而不是老子心中的"玉皇大帝"，所以我们特意用了 Haotian God。

新说

为了帮助大家更好地理解"道"，我们先试着理解相关的名称"神、天帝、上帝"等概念。

古人以为闪电变化莫测，威力无穷，故称之为"神"。《易经》上说，阴阳不测之谓神。传说中的神，即是天地万物的创造者或主宰者。

天帝，指昊天上帝，是针对华夏文明、汉族来讲的至高天神。在公元前 1600 年至公元前 1046 年的殷商甲骨文中，昊天上帝称帝，或称上帝，是自然和下国的主宰。

犹太教，与基督教属同源宗教，均信奉耶和华神，相信上帝乃创造宇宙之神，称其为造物主。

《道德经》中的"帝"指的是"昊天上帝"。老子以为"帝"是有年份记载的，而"道"却没有。这足以证明，人类探索宇宙起源的努力早已开始，且至今未止。神学也好，玄学也好，科学也好，它们的目标相同，只是路径不同而已。

那么，到底是什么创造了宇宙（天地）呢？这是一个类似"先有鸡还是先有蛋"的问题，对此我们只能静候答案。也许很快，也许永远没有答案。

关于万物的本源，古希腊哲学家也有着各自不同的观点。泰勒斯认为一切为水。毕达哥拉斯认为万物皆数。赫拉克利特认为万物始于火。德谟克利特认为一切来源于原子。而苏格拉底、柏拉图、亚里士多德拒绝经验主义为主的本源探讨，转而探讨人的哲学。这点与孔子相似。

　　古人对科学的有限认识妨碍了他们对自然的了解，所以有些自然现象在古人眼里是神秘莫测的。就是到现在，我们人类对宇宙的起源仍然没有一个统一、正确的认识，对其发展、走向也似乎摸不着头脑。二千多年过去了，对自然的认识虽有进步，但其深远还是令我们望而生畏。也许不等我们摸透，这个宇宙又成了另外一副模样。

第五章

天地不仁

原文

> 天地不仁，以万物为刍狗；圣人不仁，以百姓为刍狗。天地之间，其犹橐
> 籥乎？虚而不屈，动而愈出。多言数穷，不如守中。

注释一

1.刍（chú）狗：古代祭祀时用草扎成的狗。古代专用于祭祀之中，祭祀完毕，就把它扔掉或烧掉。比喻轻贱无用的东西。

2.橐籥（tuó yuè）：风箱，古代鼓风吹火用的器具。

3.屈（jué）：与"绝"意思相近，意为匮乏、枯竭。

英译

Heaven and Earth Are Both Ruthless

Heaven and earth are both ruthless.

They treat all things as straw-dogs,

leaving them alone.

The sage is ruthless, too,

for he also treats people as straw-dogs,

leaving them to work and rest on their own.

Are heaven and earth not like a pair of bellows

which are empty and inexhaustible?

The faster it is moved,

the more air will come out.

Likewise, the more government decrees there are,

the sooner the state fails.

Therefore, it is better not to intervene.

注释二

1. "多言数穷"的英译

Arthur Waley 译成了 the force of words is soon spent。原文中，"数"的确有"速"的意思，但"多言"的意思没能准确表达出来。许渊冲译成了 more is said than done。貌似简洁，但总感觉词不达意。况且 done 也不符合老子"不为"的精神内核。辜正坤的译文：too many government decrees only result in more failures 显然比上面的两个更符合原意，但 more failures 似乎又不能完全表达"数穷"之意。我们的翻译：the more government decrees there are, the sooner the state fails 更接近本意。

2. "守中"的英译

"守中"并非我们想当然的"保持中立"或者"保持中正之道"，而是"保持虚静"，即"不干涉"，任其"自然发展"。Arthur Waley 的 keep what is in the heart 似乎是"不多说"的意思。许渊冲用的 take the mean 内涵是 occupy the middle position between two extremes，即"保持中立"。辜正坤的译文 hold fast to moderation and the void 倒是接近原意，但属于直译。我们用了 not to intervene，觉得更能表达老子"不为"的思想。

新说

天地不仁，不是说天地对万物不善待，而是强调天地公正，它给万物以自由生长的机会，平等对待万物。

圣人不仁，不是说圣人对百姓不好，而是强调圣人不偏不倚，给所有百姓以自由发展的机会，平等对待众人。

很多时候，政府为了治理国家颁布了许多政令，出台了若干政策，但往往事与愿违，反而是越治越乱，摁下葫芦起来瓢，解决了一个矛盾，却带起了更多的矛盾，恰如风箱动而愈出。

联想到现在某些地方政府，为了拉动 GDP，千方百计争投资、上项目、出措施，貌似搅动了一池死水，没想到它本来是一潭清水啊！清水变浊易，浊水变清难啊！

世间万物虽有因果，但承受者不一定是始作俑者。人类破坏了环境，怎能希望天地对其仁慈？恶人做了坏事，怎么能指望圣人对其爱惜？宇宙间自有大道，冒犯了公道，就躲不开大自然的惩罚。

治国也要顺道。太松不行，太紧亦不可，但恰到好处确实很难把握。东西方均在探索，但完美无缺的“道”却总是离我们很远。

近年的环境风暴颇得人心。“绿水青山就是金山银山”，“房子是用来住的，不是用来炒的”已经成为各级政府的行为准则。仔细想来，政令都是有针对性的。很多时候，一些规定要说明白才能得到贯彻，所以该说的一定要说。中国的治国之策有别于西方，不能拿西方的范式来套用。只要不忘初心，为百姓做事谋利，政府就会获得拥戴。

第六章

用之不勤

原文

> 谷神不死，是谓玄牝。玄牝之门，是谓天地根。绵绵若存，用之不勤。

注释一

1. 玄牝（pìn）："牝"本义是指鸟兽的雌性，与"牡"相对。"玄牝"指孕育和生养出天地万物的母体。这里指玄妙的母性。

2. 门：指产门。这里用雌性生殖器的产门的具体义来比喻造化天地生育万物的根源。

3. 勤（jìn）：作"尽"讲。

英译

When Used, the Law Seems Endless

The vale God,

who gives birth to all things in heaven and on earth,

is eternal.

It is known as the mysterious motherhood.

The doorway of the womb

is the foundation of heaven and earth.

It goes on and on!

And its function is endless.

注释二

1. "（谷）神"的英译

老子用"谷神"象征"道"，说明"道"既是空虚的又是实在的，同时还是变化莫测的，所以用英语表达出来并非易事。Arthur Waley 用了 the Valley Spirit，许渊冲用了 the vale spirit，属于直译，辜正坤直接用了 Tao，属于意译。我们则折中了一下，用 the vale God(divine law)，可以让读者知道老子的"谷神"即为"道"。

2. "用之不勤"的英译

"勤"，音：jin，同"尽"，即"无穷无尽"之意。Arthur Waley 译成了 never run dry，许渊冲译成 used, it is inexhaustible，辜正坤译成 its use can never be exhausted。大同小异。我们则用了 its function is endless。

新说

谷神，"道"之别名，乃生养之神。老子将"道"比喻成人容易理解的"牝"，让人们想到了生、生、生，生生不息，马上就明白"道"原来就是天地的老祖宗啊！

作物留下了种子才得以再生；人类通过繁殖后代才得以延续。试想天地没有了作物，人类靠什么生存？天地失去了人类，它还有什么活力？若没有了活力，天地还有什么价值？

古希腊哲学家恩培多克勒（BC495-435BC）认为，万物的生成和消灭是无休止的循环运动，四根（火、土、气、水）在运动中是不生不灭的。"从多中生一，从一中生多"。

在百姓眼中，人后面有地，地后边有天，天后边还有道。那这"道"可不敢得罪了。

第七章

天长地久

原文

> 天长地久。天地所以能长且久者，以其不自生，故能长生。是以圣人后其身而身先，外其身而身存。非以其无私邪？故能成其私。

注释一

1. 身：自身，自己。

2. 先：居先，占据了前位。此处是高居人上的意思。

3. 外其身：外，是方位名词作动词用，此处是置之度外的意思。

4. 邪（yé）：同"耶"，助词，表示疑问的语气。

英译

Heaven and Earth Exist Forever

The universe is everlasting.

Heaven and earth can exist for long

because they do not run for their own survival.

Likewise, the sages who follow the divine law

are humble and contend with none,

but they can take the lead of people.

They keep themselves out of official affairs,

so that they can be preserved.

Isn't that because they are selfless? Yes!

So they can win success.

注释二

1. "私"与"无私"的英译

原本以为这两个词简单得很，但发现译者的译文仍然是各有不同。Arthur Waley 用了 personal end 和 not strive for any personal end，可谓想象力丰富。许渊冲的用词最为简单：self; selfless。辜正坤转译的目的明显：his existence; disregard his own existence，也能契合原意。我们则用了 success 来表达"私"，表面上看不怎么合适，但放在整个文中却也十分贴切。

2. "后其身而身先,外其身而身存"的英译

不出所料，这个句子的译文真正是百花齐放，百家争鸣。辜正坤：put oneself behind others,come before others; disregard one's own existence, but his existence is preserved。许渊冲：the last becomes the first; the out becomes the in。Arthur Waley: put oneself in the background, but is always to the fore; remain outside, but is always there。除了许渊冲的译文颇费思量之外，另外两家的译文倒也中规中矩。我们根据自己的理解翻译成了 be humble and contend with none, but take the lead; keep out of official affairs but be preserved，自我感觉离老子的思想更近。

新说

因为我们不知道"天"何时有，也不知道它何时无，所以我们才认为它很

长；因为我们不知道"地"从哪儿来，最终能到哪儿去，所以我们才觉得它一定会久。

"道"创天地是为了万物，天地是为了万物而生，所以只要万物在，天地就在。

圣人按"道"做事，所以与众无争。这种境界岂是一般民众能比得上的？圣人以退为进，是智慧的化身。退一步海阔天空。中华文明之所以能够久存不灭，是不是源于此呢？

一个人看淡"有、无"，心中便一切皆空，但实际上，他却拥有了整个世界。

在众人都争得头破血流的时候，能长存于世的反而是那些不参与纷争的人，因为他们能预知这些争斗的后果对任何一方均不利故能置身事外并得以保全自己。世间皇帝无数，而圣人难寻就是这个道理。

第八章

上善若水

原文

上善若水，水善利万物而不争。处众人之所恶，故几于道。居善地，心善渊，与善仁，言善信，政善治，事善能，动善时。夫唯不争，故无尤。

注释一

1. 恶（wù）：厌恶、不喜欢。

2. 渊：沉静、深沉。

3. 与：指与别人相处。

4. 尤：怨咎、过失、罪过。

英译

The Highest Good Is Like Water

The best virtues are like water.

Water is good at nourishing all things

without competing with them,

and stays in places that no one likes,

so it is closest to the divine law.

Thus, the living place of the ruler is most suitable;

his mind, calm and unfathomable;

his manner, sincere, friendly and selfless;

his speech, trustworthy;

his governing, simplified to run the state well;

his deed, well-done;

and his action, timely.

It is precisely because of his non-contention virtues

that he has no fault,

and as a result, he is not to blame.

注释二

1. "善"的英译

本章中的"善"有两个不同的意思，一个是"美德"，另一个是"擅长"（善于）。"上善若水"中的"善"，许渊冲和 Arthur Waley 用了 good；辜正坤用了 goodness，我们在标题中用了 good，文中则选用了 virtue，以对应"美德"。

奇怪的是，几乎每个译者都避开了"善于"，如："正善治"，许渊冲译成：the rule should be sound，辜正坤译成 rule a state as orderly as water， Arthur Waley 译成了 in government, they value good order，我们则译成了 governing should be simplified to run the state well。对此，我们做下面的解释：老子通过描述水的"善"来为当政者提供建议，认为他们应该向水学习，只有做到"地、渊、仁、信、治、能、时"，方能无尤。

2. "无尤""忧"与"犹"的英译

"犹"字没有歧义，译者都用了 like。但对"忧"（19 章：绝学无忧）的理解就分出了轻重。许渊冲和辜正坤都用了 worry，Arthur Waley 用了

grieving，我们则用了 crisis。至于"无尤"，我们与许渊冲的理解一致，分别用了 blameless 和 not to blame，而辜正坤用了 never commit a mistake，Arthur Waley 用了 not go amiss。其实，"尤"的本意之一就是 fault; mistake。前两位用了引申意义，后两位取了其原意。皆可接受。

新说

不争，为人处世的要旨。可是一个逆来顺受的人，在一个崇尚竞争的社会里会被赏识吗？难道他只能处众人之所恶吗？一个人因为有不争之美德，所以可能没有过失，但没有过失就不会被人抱怨吗？

吃小亏的人可能占大便宜，因为他赢得了周围人的好感；一门心思想沾光的人可能吃大亏，因为周围的人再没有谁愿意与其打交道，让他落得众叛亲离。

在一个团队里面，无论是领导者还是普通的成员，在利益面前如果能表现大度，都会赢得合作者的信任，反而有助于其进一步发展。相反，如果他只顾着自己利益最大化，甚至想独占好处，最后怕只落得一个分崩离析、没人搭理的可悲下场。

由此我联想到水的副作用。正如人有时会发火，水也有发怒的时候。水一旦发起怒来，其上善的品质便跑得无影无踪。正因为此，才有了水的治理，才有了水利。可是水为什么会发怒呢？一定是因为众人没有遵照"道"的指令行事吧！

古希腊哲学家泰勒斯的哲学只有一句话：万物是水。余秋雨在其《文化苦旅》也提到了水：看上去，是人在治水；实际上，却是人领悟了水，顺应了水，听从了水。只有这样，才能天人合一，无我无私，长生不老。这便是道。道之道，也就是水之道，天之道，生之道。

第九章

功成身退

原文

持而盈之，不如其已。揣而锐之，不可长保。金玉满堂，莫之能守。富贵而骄，自遗其咎。功成身退，天之道。

注释一

1. 已：停止。

2. 揣（zhuī）：捶击、捶打。

3. 咎（jiù）：过失、灾祸。

英译

Withdrawal after Success Conforms to the Law

Do not hold your fill,

instead, you might as well stop at the right time.

Do not show your ability to the full extent

otherwise, it is difficult to maintain your sharpness for long.

A house full of too much gold and jade

is hard to keep.

If you are rich to the extent of arrogance,

it is your own curse.

When you do something satisfactorily,

it is necessary to contain and restrain yourself,

which is in line with the law of nature.

注释二

1. "其已"的英译

几位译者对老子原文的理解是一样的。"已"的意思是"停"。辜正坤译成 stop in due time, 许渊冲译成 refrain from excess, Arthur Waley 译成 stop in time。我们则把"适可而止"理解为 stop at the right time。

2. "天之道"的英译

一个还算简单的词语也使得译者产生了不同的反应。本来，大家对"道"这个词的翻译就仁者见仁智者见智，现在又增加了一个"天"，于是坚持"天"就是 Heaven、"道"就是 Way 的辜正坤就译成了 the true way of Heaven，Arthur Waley 就译成了 Heaven's Way。许渊冲坚持使用 law 来对应"道"，他认为"道"即为"天之道"，所以，他仍然使用 the divine law。我们的译文则略有改变，使用了 the law of nature，将"天"理解为"自然"，既有"天"又有"地"，不是更全面吗？

新说

说话不要说满，做事留有余地，有好处时记得分享，有荣誉时记得礼让，这样才能保全自身。

一个人没本事不能清高；一个人有本事，也不能自傲。人外有人，天外有天。凡事做过了头可能得到相反的效果，所以内敛实为上策。

有的人天性张狂，有的人天性贪婪，有的人天性骄横，这些都是不明"道"的表现。

特朗普（美国前总统）是一个个性鲜明的总统。从目前得到的信息看就属于那种生性张狂、贪婪骄横的人。他能把美国带到何处去呢？（注：说这段话的时候是他刚刚当选总统不久，2019 年 –2020 年，在对抗新冠肺炎期间，他的表现令人失望。）

俄罗斯也属于一个做事高调、攻击性十分强悍的民族，但几百年来，这种个性却避免了该国被邻国欺凌。

相反，内敛、含藏的中国，却不得不割地赔钱，生存空间不断压缩，很长时期在韬光养晦。可是面对某些国家的咄咄逼人，现在的中国还会继续忍让吗？

古罗马帝国、西班牙、大英帝国等，难道不是"揣而锐之，不可长保"的最佳例证吗？

第十章

生而不有

原文

载营魄抱一，能无离乎？专气致柔，能婴儿乎？涤除玄鉴，能无疵乎？爱民治国，能无知乎？天门开阖，能为雌乎？明白四达，能无为乎？生之畜之，生而不有，为而不恃，长而不宰，是谓玄德。

注释一

1. 载：用作助语句，相当于夫。

2. 营魄：魂魄。

3. 天门：这里指耳、目、口、鼻等感官。

4. 阖（hé）：关闭。

5. 雌：宁静。

6. 知：通"智"，指心智、心机。

7. 畜（xù）：养育、繁殖。

英译

Give Life, but Lay No Claim

Can the unity of body and soul be achieved without separation?

Can the breath be controlled to an extent as soft as a baby's?

Can the mental mirror be purified and free from blemish?

Can the ruler love the people and govern the state without interference?

Can the senses be quiet

when they come into contact with the outside world?

Can it be possible to understand and make understood?

Grow it,

nurture it,

and nurture all things without possessing them,

do something without relying on it,

and take the lead of all things without dominating them.

Such is "the mysterious virtue".

注释二

1. "天门" 的英译

老子的 "天门" 到底是神马东西？它在哪里？有人说所谓 "天门" 实际上指的是耳、目、口、鼻等感官。也有练气功的人说天门是脑袋正中的某一个位置。而王弼认为，天门，谓天下之所由从也。意思是天下万物都从这里来。据此，Arthur Waley 用了 "the heavenly gate"，许渊冲用了 "the upper door in heaven"，辜正坤用了 "the door of Heaven"。我们则联想到文中的 "营魄" "专气"，把 "天门" 理解成了 "感官"，译成 "the senses"。"天门开阖，能为雌乎" 中的 "开阖"，我们也没有像其他几位译家翻译成 "open and close(shut)"，而是译成了 "come into contact with the outside world"。理由是，在我们看来，"the senses" 是不能 "open and close" 的。

2. "恃"的英译

"恃"的本意是"依赖""仗着",所以 Arthur Waley 译成了"lean upon",我们开始译成"impose one's own will on",后来觉得不能准确表达老子的意思,便修改成了"rely on"。但许渊冲还是用了"interfere"这个词,与我们最初用的短语意思相近,辜正坤使用了"claim to be one's benefactor",有点化简就繁之感。

3. "德"与"玄德"的英译

"德"的翻译似乎没有"道"那么复杂。多数情况下,"德"被译成"virtue",意即"goodness or excellence"。许渊冲把"玄德"译成了"the mysterious virtue",Arthur Waley 译成了"the Mysterious Power",辜正坤用了"the most intrinsic The(virtue)",我们也没有例外之举,采用了"the mysterious virtue"。但我们始终认为:如果"道"译为"the divine law",那"德"也应该,或者说可以,译为"the human law"。就此,我们非常赞成许渊冲把《道德经》译为"Laws Divine and Human"。因为,我们觉得老子的《道德经》说的就是天之道与人之道,而所谓"人之道"即为"德"。

新说

以问作答,似问实答,六问六答,为道德划定了很高的标准。

1. 营魄抱一不分离,意为:心神淡定、身心健康;

2. 专气致柔如婴儿,意为:天真无邪、和柔温顺;

3. 涤除玄鉴无瑕疵,意为:纯洁无瑕、六根清净;

4. 爱国治国不妄为,意为:治国爱民、遵从自然;

5. 天门开阖能自若,意为:控制情欲、泰然处世;

6. 大彻大悟不用智,意为:自知无知、大彻大悟。

　　只有这样才能做到：生而不有，为而不恃，长而不宰。然而，圣人能因为做到无离、无疵、无为、无知而变得完美吗？既然被称为玄德，怕是圣人也很难做到的吧！

　　任何人都很难做到营魄抱一、专气致柔，似乎也不完全符合人发展的"道"。无为治国，任其自生自灭，能赢得民心吗？当受到外界各种刺激诱惑时，谁又能保持淡定、把持住自己？恐怕只有圣人才能做到。这就是为什么这些素养被称为"玄德"的缘故吧？

　　由此可见，老子描述的是一幅理想的画面，却让我想到了柏拉图的《理想国》（374BC）。他说过：当一个人真正觉悟的一刻，他放弃追寻外在世界的财富，而开始追寻他内心世界的真正财富。

第十一章

无以为用

原文

> 三十辐共一毂，当其无，有车之用。埏埴以为器，当其无，有器之用。凿户牖以为室，当其无，有室之用。故有之以为利，无之以为用。

注释一

1. 辐：车轮中连接轴心和轮圈的木条。古时代的车轮由三十根辐条所构成。

2. 毂（gǔ）：车轮中心的木制圆圈，中有圆孔，即插轴的地方。

3. 埏埴（shān zhí）：埏：和（huó）；埴：土。和陶土做成供人饮食使用的器皿。

4. 牖（yǒu）：窗户。

英译

When Empty, It Is Useful

Thirty spokes are gathered into a hub,

and only when there is a hollow space in the hub

can the wheel roll.

Make a vessel out of clag,

and only when it is empty

can the vessel be used.

Build a house with doors and windows,

and only with the openings in doors, windows and walls

can the house be used for dwelling.

It is because Not-being plays its role

that Being can bring people convenience.

注释二

1."无"的英译

本文中的"无"与第一章的"无"在内涵上既有相似之处也有些不同。这里的"无"开始时明显是指"空"，所以 Arthur Waley 译成了 "the space where there is nothing," 许渊冲译成了 "when there is nothing(empty)," 但最后一句的"无"却与"有"相对，成了哲学意义上的"无"，于是辜正坤采用了 "the space" 和 "the Nothingness" 分别对应，我们也译成 "when there is a hollow space(empty, the empty part),"对应前面的"无"，用"Not-being"对应后面的"无"。

2."利"与"用"的英译

对老子原文的理解很多时候取决于对其逻辑关系的分析。译者一定是坚持一个能说服自己的理由来遣词造句，既能还原老子的本意，又能符合英语的表达习惯。比如说，我们以为最后一句中的"利"与"用"应该理解成"便利"和"作用"，所以才有了 "It is because Not-being plays its role that Being can bring people convenience." Arthur Waley 的理解与我们的略有不同，所以他用了 "take advantage of（利用）"和"usefulness（能用）"。许渊冲用了 "beneficial（有利）"和"useful（有用）"，但辜正坤却选了"condition（必要条件）"与"usefulness（能用）"。其实，没有对错，个人想法不同而已。

新说

车轮如何能转动？器皿如何能盛得下东西？房屋如何住得下人？圣人善于从生活万象中观察、分析、总结、提炼、推理，从而让自己的发现升华到"道"之境界，实在是由小见大的典范！

世间万物，各得其所，各有其用。貌似空无，实有大用。虚实相济，各有其用。

人亦如此。堪当大任者自然有用，而平头百姓在社会中也占据一定地位，非一无是处。没有百姓的支持、拥护，统治者也不可能安坐天下。故为人莫自大，要善于发挥团队成员的作用，正确引导，一同奔向既定目标，方显领袖本色。

很多现象在凡人眼中已经习以为常，稍微有点心智的人可能从发明创新的角度去思考，而有道之圣人，却能从哲学的高度去分析问题、找出规律，同时向普通大众以喜闻乐见、耳熟能详的例证去普及那些玄之又玄的大道理。

"有""无"相对，各有其用，还使我想到了胜者孤独求败。一个人，如果没有对手，也是一件十分无趣的事，原因不正是这种局面已经不符合阴阳之道吗？有了对手可以让自己有机会施展。对手越强，你就越有动力做得更好。

牢骚、批评是负面的，为"阴"；欣赏、赞美是正面的，为"阳"。我们既要听得进夸奖，也要受得起责备，这样才不至于阴阳失衡，从而使自己的作为始终保持在一条正道上。

感谢对手！感谢批评者！

让我们换一个角度去思考。现在的科学发现，看不见的世界里面其实充满了暗物质，是否是"空非空"？

第十二章

圣人为腹

原文

五色令人目盲；五音令人耳聋；五味令人口爽；驰骋畋猎，令人心发狂；难得之货，令人行妨。是以圣人为腹不为目，故去彼取此。

注释一

1. 口爽：意思是味觉失灵，生了口病。古代以 " 爽 " 为口病的专用名词。

2. 驰骋：纵横奔走。比喻纵情放荡。

3. 畋（tián）：打猎。

4. 妨：本指妨碍、损害的意思。这里特指盗窃、掠夺之类行为。

5. 目：代表一种巧伪多欲的生活方式。

英译

Sages Satisfy the Belly

Different colors make people dazzled;

noisy tones make people deaf;

rich food makes people lose their taste;

riding and hunting make people crazy;

and rare things make people behave badly.

Therefore, the sage tries to satisfy the belly rather than the senses,

since he can withstand the temptation of material desires

and maintain a stable and contenting way of life.

注释二

1. "五色""五音"与"五味"的英译

当看到许多译者都把"五色"译为 the five colors 的时候，我们也确实纠结了。老子的五色，指青、黄、赤、白、黑；五音，指宫、商、角、微、羽；五味，指酸、苦、甘、辛、咸。可是，当我们以汉语为母语的人听到"五色""五音""五味"时都几乎说不清楚的时候，我们怎么能奢求一个说英语的人明白它们的含义？也有说，这里的"五"并不是一个确切的数字，"五色"并不是就是黑白黄赤青五种颜色，它是一个不确定的概念，泛指五颜六色、五彩缤纷。因此，我们还是按照自己的理解译成了"different colors""noisy tones""rich food"。另外三家的译文几乎一致："the five colors""the five sounds""the five tastes"。无论对错，我们坚持初心不改了。

2. "行妨"的英译

"妨"本指妨碍、损害的意思。本文特指盗窃、掠夺之类行为。简单说，"行妨"就是看到富人家有金银财宝而不能控制自己的欲望，满心想"做坏事"，偷出来自己把玩享用。所以，我们认为 Arthur Waley 没有准确理解老子的本意而译成了："impede one's movements"，属于误译无疑。许渊冲译成"tempt one to do evil"，辜正坤译成"goad sb. into stealing"，都算准确地表达了老子的意思。我们则采用了意译的方式："make people behave badly"，与上面的"五色"等译文一脉相承。

3."为腹不为目"的英译

圣人"为腹不为目"，一句极其通晓明白的话，点明了圣人的生活方式。意思是：人不可无限制地满足自己的贪欲。因此，我们理解，老子的"目"此处不单单指"眼睛"，而是代表各种可以接受刺激的"感官"。基于此，我们把"为腹不为目"译成了"satisfy the belly rather than the senses"。而 Arthur Waley 译成"consider the belly not the eye"，许渊冲译成"satisfy the belly rather than the eye"，感觉有点直白。辜正坤的 "not satisfy one's eyes first with colours but satisfy one's belly with enough food" 倒也不错，只是总觉得 eyes 一词不能反映全貌。

新说

五色使人想到美丽的风景，五音使人想到多彩的文化，五味使人想到可口的美食。这些不是社会进步的象征吗？难道我们不能享受社会进步的成果吗？

老子的意思可以从两个方面来理解：一是凡事有度，好事、美差也要有节制；二是在百姓物质生活水平不高的情况下，官员不应过分追求奢侈的文化生活。

做任何事都需要"定力"。要经得起各种诱惑。女色、野味、奢侈品，都可以拉人下水，使其丧失做人的基本原则，严重者甚至触犯法条，受尽囹圄之苦。一时的尽情享受换得余生的牢狱之灾，得不偿失。

老子还尝试回答了一个问题：人为什么活着？是为了感官的刺激与享受？还是为了内心中的一片宁静？

人生在世，不能说不可以享受生活，关键是把握好尺寸。你的每一份付出，其实都会得到对应的收获。如果没有，说明你命中注定不该得。如果强行索取并占有，自然属于背"道"而驰，受到惩戒也在情理之中。亚里士多德也说过，放纵自己的欲望是最大的祸害。

纵观古今，科技在发展，物质世界进步明显，但人性依旧，精神世界在踏步。由此可见，改变外在的东西易，改变内心世界难。

我们更由此发现哲学家与革命家的伟大之处，因为他们尝试改变的是人的精神世界。科学家的数量远多于思想家，兴许就是这个缘故。

第十三章

荣辱不惊

原文

宠辱若惊，贵大患若身。何谓宠辱若惊？宠为下，得之若惊，失之若惊，是谓宠辱若惊。何谓贵大患若身？吾所以有大患者，为吾有身，及吾无身，吾有何患？故贵以身为天下者，若可寄天下；爱以身为天下者，若可托天下。

注释一

1. 宠辱：荣宠和侮辱。

2. 若：作"乃"字或"则"字讲。

3. 宠为下：宠爱来自上级，受到宠爱的为下级。

4. 为（wèi）吾有身：为：介词，因为。

5. 及：如果。

6. 为（wéi）天下：为：当作、作为。

英译

Who Isn't Alarmed to Get Favor and Disgrace

People seem to be alarmed when getting favor and disgrace

and value them as preciously as their own lives.

What does it mean to get into panic

when getting favor and disgrace?

Favor comes from superiors.

Getting favor makes one especially amazed,

whereas losing it makes one anxious.

What does it mean to value serious problems

as highly as one's own life?

The reason why I am in great trouble

is that I have a body;

if I did not have a body,

how could I be affected?

If one values the world as his own body,

the world can confide in him;

if one loves the world as his own body,

the world can be entrusted to him.

注释二

1. "宠为下，得之若惊，失之若惊，是谓宠辱若惊"的英译

　　原文看上去不太难理解，但英译却差别很大。辜正坤译成"Honor itself, though mean, gives pleasant surprise to those who obtain it as well as startles them when they lose it"。他采用的复合句结构使得读者需要稍微动一番脑筋才能理解。许渊冲的译文最为有趣："Praise and blame are like ups and downs. The mind is troubled with rise and fall. So is it troubled by praise and blame"。恐怕这是《道德经》译本中最为大胆，也是本书作者最为欣赏的意译，但需仔细琢磨方能理解译者心思。Arthur Waley 的译文句子结构复杂，晦涩难懂："It means that when a ruler's subjects get it they turn distraught, and when they lose it they turn distraught. That is what is meant by saying favour and disgrace goad as it were to madness". 总感觉这个老外的英文水平不如一个中国的翻译家。而我们考虑到读者大多是学生，所以译出来的句子结构相对简单，容易理解。Favor comes from superiors. Getting favor makes one especially amazed, whereas losing it makes one alarmed. 重复的部分就略去了。辜正坤的译文亦如此。

2. "寄"与"托"的英译

现代汉语中，"寄"与"托"已经连为一体："寄托"。英语中"entrust"的意思是"trust sb to complete or safeguard sth."；而"confide"意为"have trust or faith in"。所以，无论选择"confide in"还是"entrust"都是合适的。事实上，Arthur Waley用的 "commit to"本意也是"entrust, hand over to, for safe keeping"。

新说

得到别人特别的宠爱绝非正常，而受到他人的侮辱也不正常，因为做得特别好的人才能受到宠爱，什么本事都没有的人才会被人看不起。但是，喜欢得到宠爱的人，似乎都不是在为自己活着。

如何对待幸运与不幸？如何回应宠爱与侮辱？荣辱与生命，孰轻孰重？老子为什么说"吾所以大患者，为吾有身。"？

幸与不幸，实乃自然现象。遇到好事便兴高采烈，遇到坏事便垂头丧气，对身体而言的确为大患。人类自身的弱点，决定了人无论得到宠爱还是得到屈辱，都会忧心忡忡，惶惶不可终日。主要原因是，人往往把身外之物看得太重，而把人的身体本身看得太轻。有一种说法很流行：宁为玉碎，不为瓦全。

一般人遇到荣贵或是卑辱都会感到吃惊。只有那些荣辱不惊甚至忍辱负重的人才能担当大任。

有人做事是为了给别人看，让别人欣赏；有人做事是为了给自己看，自我实现就满足。其实，把自己该做的事做好了，谁也不会瞧不起你。亚里士多德也曾说：只有克服了自己的恐惧，才可能获得真正的自由。

第十四章

惚恍恍惚

原文

视之不见名曰夷；听之不闻名曰希；搏之不得名曰微。此三者不可致诘，故混而为一。其上不皦，其下不昧，绳绳兮不可名，复归于无物。是谓无状之状，无象之象，是谓恍惚。迎之不见其首，随之不见其后。执古之道，以御今之有。能知古始，是谓道纪。

注释一

1. 夷：无色。

2. 希：无声。

3. 微：无形。

4. 诘（jié）：追问、究问、反问。

5. 皦（jiǎo）：清白、清晰、光明。

6. 昧：阴暗。

7. 绳绳（mǐn mǐn）：不清楚、纷纭不绝。

8. 道纪："道"的纲纪，即"道"的规律。

英译

To Be or Not to Be

If you can't see it, call it "invisible";

if you can't hear it, call it "inaudible";

if you can't touch it, call it "intangible".

There is no way to find out the shape of these three,

as they blend into one to become the divine law.

Its front does not appear bright,

nor does its rear appear dark and obscure.

It's endless, continuous but indescribable,

and all its movements return to a state of invisibility.

It is a shape without shape,

an image without an object,

and it is known as "to be" and "not to be."

Facing it, you can't see the front of it;

following it, you can't see the rear of it.

Dealing with the specific affairs that exist in reality

with the law summed up by ancient sages,

you can know the beginning of the universe.

Such is the rule of the divine law.

注释二

1. "夷""希"与"微"的英译

刚刚看到辜正坤英译的时候，我哑然。不知他出于何种考虑，把这三个词分别译成了 "Yi(without color)" "Xi(without sound" "Wei(without shape)" 。

是否是想把这三个词变成 gungfu、jiaozi 一类词，期待它们进入英语词典？我不以为然。所以，我还是像许先生一样把这个词译成了 invisible、inaudible、intangible。Arthur Waley 用的三个词都是非常用词：elusive、rarefied、infinitesimal，显然不适合学生。

2. "状"与"无状""象"与"不象"的英译

对这两个表达，每位译者的思路基本一致。辜正坤用的是"the shape without shape""the image without substance"。许渊冲用的是"a formless form""an image of nothing"。Arthur Waley 译成了"shapeless shape""forms without form"。我们译成"a shape without shape""an image without an object"。但不论用何种译法，总让人产生一种恍惚之感：这种表达可符合逻辑？其实，老子的目的就是让你有这种感觉，因为他的"道"就是这个样子的。

新说

在本章中，老子继续阐述"道"的本质。他用了两个很形象的字：恍惚。

看到这两个字，我首先想到的是"若隐若现"。你说看不到吧，似乎有形；你说听不到吧，似乎有声音；你说摸不到吧，似乎有象。老子之所以这样说，我觉得是因为他本人也不知道那到底是什么，完全是一种下意识的东西，或者就是宗教中被称作"神"的东西。

世界上很多事是说不清、道不明的，尤其是在古代。我们的祖先因为受掌握的知识所限，不能对宇宙万物有一个系统、全面的了解，但他们冥冥之中似乎又能实实在在感受到某些东西的存在。他们在积极探索，努力寻求打开奥秘之门的钥匙，为后来的探索者奠定了基础，搭建了阶梯。在我看来，哲学是超越科学的科学。只有天才才能感受到哲学的无穷奥妙。

"若隐若现""恍惚"，是否就是老子笔下的"无"与"有"呢？就目前我们所掌握的科学知识而言，宇宙的起源仍然没有一个定论。科学解释不了的东西，哲学能做到吗？

接下来，我们看看所谓神学、玄学、形而上学、哲学与科学之间的区别。

神学源于人类天马行空的想象力，而宗教所依靠的是信仰。神学以说教、劝导人们相信为基础，往往不容置疑。

玄学，用非科学手段来臆测生命的起源和本质以及生命与宇宙、终极实在之间的关系。常说的"天人合一"就属于这种探讨的范畴。有人认为，老子的道学与其说是哲学，不如说是玄学。

形而上学是由日本明治时期哲学家井上哲次郎根据《易经系辞》中"形而上者谓之道，形而下者谓之器"从英语词 metaphysical 翻译过来的。严复则采用了"玄学"这一翻译。"存在、虚无、宇宙、灵魂、自由意志……"，玄之又玄的问题都属于形而上学的话题。

哲学以理性思考为基础，借助逻辑推理来探究人类的本源问题。哲学以质疑精神为基础，往往否定前一代哲学理论。伊奥尼亚是希腊哲学的发源地。"哲学"一词是十九世纪末日本学者西周从希腊文 philosophia 译成汉文的，后由黄遵宪转介到中国。一个民族的哲学史反映了这个民族的思想发展。

科学以大自然为研究对象，除了源自哲学的理性思想和逻辑推理之外，科学还加上了实验精神。

第十五章

不盈则成

原文

古之善为士者，微妙玄通，深不可识。夫唯不可识，故强为之容：豫兮，若冬涉川；犹兮，若畏四邻；俨兮，其若客；涣兮，其若冰之将释；敦兮，其若朴；旷兮，其若谷；混兮，其若浊。浊而静之，徐清。安以动之，徐生。保此道者，不欲盈。夫唯不盈，故能蔽不新成。

注释一

1. 容：形容、描述。

2. 豫：原是野兽的名称，性好疑虑。豫兮，引申为迟疑慎重的意思。

3. 犹：原是野兽的名称，性警觉。此处用来形容警觉、戒备的样子。

4. 朴（pǔ）：没有细加工的木料。喻不加修饰。

5. 混：通"浑"用。浑厚、纯朴。

英译

Those Not Going to Excess Can Update

In ancient times,

those who followed the divine law

were subtle, delicate, mysterious and communicative.

They were not understood by ordinary people.

Not easily understood,

he could only be subjectively described as follows:

he was careful,

as if crossing a river in winter;

he was watchful,

as if guarding against the attacks of neighboring countries;

he was respectful and solemn,

as if going to a formal dinner;

he acted freely and easily,

like melting ice;

he was as simple and kind as raw materials;

he was as modest as a vacant valley;

and he was as generous and tolerant as muddy water.

Who could calm the turbid water and clarify it slowly?

Who could make the quietness change and show vitality gradually?

The one who follows the divine law will not be complacent.

It is precisely because he is never complacent

that he is able to update.

注释二

1. 豫、犹、俨、涣、敦、旷、混的英译

本以为都是形容词，大家的理解应该相似。没料到，选词相同的不多。Arthur Waley 分别用了 "circumspect" "watchful" "ceremonious" "yielding" "blank" "receptive" "murky"。许渊冲的前两个词与其一样，但后面 5 个词分别是 "reserved" "softened" "natural" "vacant" "obscure"。辜正坤选择了 "careful" "vigilant and hesitant" "formal" "polishedly flowing" "simple and natural""vacant and deep""turbid"，几乎没有重复。我们尽量选用了简单的词："careful""watchful""respectful and solemn""free and easy""simple and kind""modest""generous and tolerant"。

2."蔽（敝）不（而）新成"的英译

对于"蔽（敝）不（而）新成"的理解，各位译者是不一致的。"敝"，意为"破旧"；"蔽"，意为"遮盖"。但《道德经》中确实出现了这两个"bi"，甚至是"弊"（意为"害处"）。根据上下文推断，此处应为"敝"。后面的也是如此。相对"不"，"而"出现的频率高些。

然而，无论是哪个"bi"，大家的解释几乎是一样的："去旧更新，不断进步"，因为这种解释符合老子的"道"。正因为此，我们把"敝不新成"译成 "update"。许渊冲也译成"renew what is worn out"。但辜正坤的译文就有点奇怪了："be both old and new"。更奇怪的是 Arthur Waley 的译文："need never be renewed"倒让我等糊涂了。

新说

古今中外，善为士者难寻。深不可识，微妙玄通，该是一种多么高的境界！这种境界是学出来的吗？我觉得主要还是天赋加上历练出来的。

用通俗的语言解释，善为士者应该做到：小心谨慎，警觉戒备，恭敬郑重，行动洒脱，淳朴厚道，旷远豁达，浑厚宽容，去故更新。

试问，历朝历代有多少位君主能做到呢？怕只有圣人才可以做到。

圣人，顺应天道；领袖，顺应人道。

天才，或者圣人，总是与众不同，自然不是一般人能看懂的。老子、孔子、爱因斯坦、霍金等等，他们都具备类似的特点。他们对世界、对自然现象的认识总是领先于普通人。没有他们，人类还会继续在黑暗中摸索。在我看来，圣人也分两类。一类是试图用科学去阐释世界的圣人；另一类是试图用宗教去说明、迎合规则的圣人，但他们其实都在做着同一件事：布道。

第十六章

致虚守静

原文

致虚极；守静笃。万物并作，吾以观复。夫物芸芸，各复归其根。归根曰静，静曰覆命。覆命曰常，知常曰明。不知常，妄作凶。知常容，容乃公，公乃王，王乃天，天乃道，道乃久，殁身不殆。

注释一

1. 极：极度。

2. 笃（dǔ）：顶点。

3. 作：生长、发展、活动。

4. 复：循环往复。

5. 容：宽容、包容。

6. 殁（mò）身：终身。殁：死（亦作"没"）。

英译

Be Empty-minded and Hold Fast to Serenity

Try your best to reach the extremity of the emptiness of the mind

and keep your life quiet and constant.

All things flourish together,

and I examine the truth of their changes.

All things are full of life, each returning to its roots.

Returning to its root is called serenity,

and serenity is called returning to life.

Returning to life is called nature,

knowing the laws of nature is called intelligence,

and arrogant behavior that does not follow the laws of nature

will often lead to troubles and disasters.

People who know the laws of nature are all-inclusive

and then they will be calm and just.

Justice can lead to comprehension,

which can be in line with Providence.

Providence means following the divine law.

Only by following the divine law can people be eternal

and they will not be in danger all their life.

注释二

1. "虚"、"静"的英译

老子的"虚"意为"空明、虚寂",极致的"虚无"是万物最终的发展方向。没有达到"虚无",就是还有欲望杂念存在。"静"意为"清净",守静是万物最正确的选择。不够专心,就还有妄动的企图。所以,译者都选用了"empty"与"mind"的组合来表达"内心虚无"。许渊冲译成"empty-minded",辜正坤译成"an extreme emptiness of mind",我们则译成"the extremity of the emptiness of the mind",Arthur Waley 则使用了"the Void",意思与"emptiness"相近,大写 V 暗指的就是心的"虚无"。至于"静",四位译者用的词并不一致。许渊冲用了"tranquility",Arthur Waley 用了"quietness",辜正坤用

的是 "stillness"，我们选了两种："quiet and constant" 和 "serenity"。

2. "全"（王）的英译

这里的 "全"，有的版本作 "王"，但往往被后人解释成一个意思。"全" 即周全，保全，"王"：因为做到了公正，其恩德惠及 "所有"，所以被拥戴 为 "王"，故先为 "全" 后为 "王"。

Arthur Waley 的译文就按 "王" 来翻译："kingly"。另外二位译者分 别使用了 "perfection" 和 "thoroughness"，明显是表达 "全"。我们把 "全" 译成 "comprehension"，乍一看似乎不合适，但这个词确有 "power of including" 之意。

新说

有人从养生、修道的角度研究《道德经》，认为"致虚极，守静笃"乃至高法宝， 六字箴言，认为老子已经把所有修道的方法与修道的境界层次都说完了。

致虚极，要你做到空，做到极点，没有任何污染；守静笃，讲的是功夫， 硬要你专一、坚持、守住，不如此，道功就无法成就。

我也在思考另一个问题：看透了 "道" 又当如何呢？做到了致虚极、守静 笃，就能长生不老？忽然记起了《狮子王》中父子俩的一段对话：

……

Simba: But I thought a king can do whatever he wants.

Mufasa: Oh, there's more to being king than … getting your way all the time.

Simba: There's more?

Mufasa: Simba …

Mufasa: Everything you see exists together, in a delicate balance. As a king,
         you need to understand that balance, and respect all the creatures —
         from the crawling ant to the leaping antelope.

Simba:　　But, Dad, don't we eat the antelope?

Mufasa:　　Yes, Simba, but let me explain. When we die, our bodies become the grass. And the antelope eat the grass. And so we are all connected in the great Circle of Life.

……

这段对话帮助我更好地理解了：夫物芸芸，各复归其根，归根曰静，静曰复命，复命曰常，知常曰明。

聪明人都会顺应规律，顺从规则，适应自然，而不会胆大妄为，逆势而动。

很多东西之所以存在，是因为它顺应了"天意"。不符合"天意"的东西可能一时出现，但绝不会长久。

第十七章

功成事遂

原文

太上，不知有之；其次，亲而誉之；其次，畏之；其次，侮之。信不足焉，有不信焉。悠兮，其贵言。功成事遂，百姓皆谓：「我自然」。

注释一

1. 太上：至上、最好。此处是指最好的统治者。

2. 侮：轻视、看不起。

3. 悠兮：悠闲自在的样子。

4. 贵言：珍惜言辞，即很少发号施令。

5. 遂（suì）：成功。

6. 自然：自己本来就如此。

英译

When Things Are Done

As for the best ruler,

the people do not know of his existence;

as for the second best ruler,

the people love him and praise him;

as for the bad ruler,

the people fear him;

and as for the worse ruler,

the people look down upon him.

If the ruler does not have enough integrity,

the people will not believe in him.

The best rulers are so leisurely that they seldom give orders.

When something is done successfully,

the people would say, "This is what it should be."

注释二

1. "侮"的英译

"侮"的本意是"欺负、轻慢"。所以，辜正坤的 "disdain（look on with contempt）"、许渊冲的 "disobey（pay no attention to orders）"和 Arthur Waley 的 "revile（abuse）"都能准确表达出老子的意思。我们则选择了"look down upon"，既契合原意，又能让更多的读者看懂。何乐而不为呢？

2. "我自然"的英译

特别有意思的是，这句话到现在仍然能有机会从百姓的口中听到。不论什么事，一旦结果不出乎百姓的意料，大家的感慨一般都是这样子的。于是，"顺其自然"成了许多人的口头语。这句话译成英语并不难。辜正坤的译文已经有点复杂了：It should have happened to us like this. 不像口语。Arthur Waley 的 It happened of its own accord. 更有老子的味道。只有许渊冲先生的 All is natural 和我们的 This is what it should be. 像是从普通百姓嘴里说出来的。

新说

自古以来，治国是头等大事。关于老子的治国思想，网上有一篇文章的观点颇有新意，引发了我的共鸣，主要观点总结如下：

1.《道德经》不是为了养生，也不是为了纯哲学研究，而是为了治国。《道德经》中貌似很玄的东西，其实都是在以隐喻或晦涩的方式谈政治，至于宇宙从何而来，人怎样才能活得愉快，活得长久，老子根本不关心，或者关心得极少。从《道德经》的文本看，老子一直是以王者师的口吻在讲话，主要不是教侯王怎样修身，而是怎样治国。

2. 老子的治国思想非常超前，与西方近代政治理念往往不谋而合。老子的治国思想就是中国古代的民主政治思想。老子对封建制不可避免的败坏提出破解之法，即具有近代民主性质的无为思想，以实现长治久安。东西方同病而有同方。

3. 老子希望的社会是文明社会，是民主社会。在他所处的时代，以强凌弱、以众暴寡是社会的常态。老子提倡小国寡民，可以理解为呼唤地方自治；不相往来，其实是呼唤文明的法治。《道德经》第十章最重要的是最后一句：生而不有、为而不恃、长而不宰。老子这句话，一一对应于美国伟大的总统林肯的名言：民有、民治、民享。生而不有，即是指民有；为而不恃，即是指民享；长而不宰，即是指民治。

4. 老子的治国方法是无为。无为，就是呼唤法治，就是呼唤依法治国。老子反对人治，反对以智治国，所以他反复说"不尚贤使民不争，以智治国国之贼"。老子也反对以礼治国，所谓"夫礼者，忠信之薄而乱之首"。

5. 老子认为，思想自由、言论自由，是人民当然的权利。老子说："圣人常无心，以百姓心为心"；"善者，吾善之；不善者，吾亦善之，得善。信者，吾信之；不信者，吾亦信之，得信"。

6. 老子反复强调，侯王不仅不能高高在上，还要把姿态放到人民之下，才是合格的管理者。老子说："我无为而民自化；我好静而民自正；我无事而民自富；我无欲而民自朴"。

这篇文章的观点给我一个提醒，学习《道德经》应该从整体上把握老子的思想体系。作者的观点且算是一家之言吧。只要能讲通，为什么不可以接受这个观点呢？

看当今世界，"太上"似乎不存在；"亲誉"的统治者虽然有，但为数不多；被百姓"害怕"的统治者却不在少数，占比例最大；被百姓"轻蔑"的领导人呈上升趋势。何也？

知识改变了世界，网络让世界大有不同，科学发现让百姓明白得更多。对统治者，百姓不再盲目地崇拜，因为他们知道了，"国王"其实也是一个凡人，甚至是一个"愚人"，根本就不是什么"神"。他们还意识到，贵族只是一个称号，是一种遗产，而不是对这个人或者这个家族真实的褒奖。于是，百姓的心变得不安起来，因为他们终于明白，"草根"也是可以成为"王"或者"贵族"的。

人本来就没有高低贵贱之分，这也是顺应"道"。

第十八章

物极必反

原文

大道废，有仁义；智慧出，有大伪；六亲不和，有孝慈；国家昏乱，有忠臣。

注释一

1. 大道：指社会政治制度和秩序。

2. 智慧：聪明、智巧。

3. 六亲：父子、兄弟、夫妇。

4. 孝慈：对上孝敬，对下慈爱。

英译

Extremes Meeting, Things Will Go Opposite

Only when the divine law is abandoned

is it necessary to promote benevolence and righteousness;

only when cleverness and ingenuity appear

can fake and cheating prevail;

only when there are family disputes

can filial piety and kindness be shown;

only when the state is in chaos

can loyal ministers be found.

注释二

1. "仁义"的英译

"仁"，本意为"对人的同情、爱护"，被孔子拿过来作为一种道德规范，说"仁"即为"爱人"。"义"，公正合宜的道理或行为，或指人与人之间的情谊。

老子这里的"仁义"，指的就是孔子心中的道德规范，所以辜正坤译成 "benevolence and rectitude（upright or straightforward behaviour）" 是对的。Arthur Waley 用 "human kindness and morality"；许渊冲用 "good and just men" 来翻译"仁义"似乎高度不够。我们用的是 "benevolence and righteousness"，也可以用 "benevolence and uprighteousness"。

2. "昏乱"的英译

"昏乱"意指"混乱"，用 "dark with strife(state of conflict)"，或者 "in great disorder"，抑或者 "in chaos(complete absence of order)" 都算合适。但许渊冲用的 "at stake(to be won or lost)" 似乎有点牵强。

3. "忠臣"的英译

我们看电影、电视时，经常听到"臣遵旨"、"臣谢主隆恩"，知道一般级别的官员是算不上"大臣"的，所以我们觉得译成 "loyal minister" 是最合适不过的。辜正坤译成 "loyal subject"，取其 "any member of a State except the supreme ruler" 之意，也很好。但许渊冲的 "loyal official" 似乎就把"大臣"的级别降低到了一般官员。最好玩的是 Arthur Waley。他竟然把"忠臣"译成了 "loyal slave"。难道在他的眼中，"臣"的地位如此低吗？有可能是一人之下万人之上啊!

新说

由"道"演化而为"德","德"再演化而为"仁、义、礼、乐",再由"仁、义、礼、乐"衍化而为"权术",表示人类的心路历程正每况愈下,愈陷愈深。但所谓"术化"的妙用,亦是"有无相生""同出而异名"。

"仁义",指儒家的一整套道德规范,是儒家的重要伦理范畴。其本意是"仁爱与正义"。宋代以后,由于理学家的推崇,"仁义"成为传统道德的别称,而且常与"道德"并称。

借此,探讨一下道家与儒家的区别。

1. 孔子与老子比较

孔子、孟子是儒家的宗师和代表,老子、庄子是道家的宗师和代表。

孔孟谈仁义,给后世树立了道德大师的形象,具有完善的道德人格,以救世安民为己任,富于理想,谆谆教人,死而后已。老庄讲道德,给后世树立了智慧大师和艺术大师的形象,具有高度的悟性,思维能力,以宁静淡泊为操守,冷淡世情,向往自得,其于外物,顺乎自然。

孔子说:智者乐水,仁者乐山;老子说:上善若水。孔子以山自比,老子以水自比,生动地表现了仁者与智者之异。

2. 儒家与道家人性论比较

儒家强调后天道德教化,认为无礼乐法度之修饰,人性不能臻于完美。道家强调自然天真,排除人工的雕琢和礼法的强制束缚,越是自发自成,越是纯真完美。

儒家看到了人的社会属性,看到了精神文明教育的重要性;道家看到了人的生理与心理属性,觉察到虚伪而烦琐的宗法伦理对人性的桎梏。

儒家以成就道德人格和救世事业为价值取向,内以修身,充实仁德,外以济民，治国平天下。其人生态度是积极进取的，对社会现实有强烈的关切和历史使命感，以天下为己任。道家以超越世俗人际关系的图泮，获得个人内心平静自在为价值取向，既反对心为形役，又不关心社会事业的奋斗成功，只要各自顺其自然之性而不相扰，成就一和谐宁静的社会，其人生态度消极自保。

儒家的出类拔萃者为志士仁人，道家的典型人物为清修隐者。

3. 儒道两家思维方法比较

两者皆善于辩证思维，看到矛盾的对立运动与转化。儒家尚刚，主动贵有，善于抓住矛盾的主导方面；道家尚柔，主静贵无，善于觉察事物发展中的曲折、反复和否定因素，重视生命内在底蕴的积累培育。

儒家之所短，正是道家之所长。儒家的思维比较接近现实人生，哲学的思考不离人伦日用；道教的思维弘通开阔，调整于天地之先，探究于生死之际，是非之上。

4. 儒道治国论比较

儒家强调有为，道家主张无为。

5. 儒道理论倾向比较

儒家学说的重心在社会人生，阐述如何做人和如何处理人际关系；道家学说也关注社会人生，但它的眼界早已大大突破了社会人生的范围，面向大自然，面向整个宇宙，讲究天道，热爱自然。

儒道两家，皆以天人合一为最高精神境界，但儒家是以人道推论天道，将天道融入人道；道家则以天道推论人道，将人道融入天道。

事实上，无论在任何时候，"大道"都在，只是不一定被所有人认知和理解。有些道理让哲学家和宗教人士一说："只可意会不可言传"，便越发变得玄妙起来。单单因为"仁、义""孝、慈"容易被百姓理解和接受，所以常常把"仁、义、孝、慈"归入道德范畴，天天被百姓挂在嘴边。

社会上重视知识与文化，尊重人才，从而使受过教育的人受益，便引起了某些不愿意或者不能接受足够教育的人的妒忌。有部分人认为靠正道不能发财，或者发财太慢，便选择了旁门左道，并美其名曰：靠智慧赚钱。一旦成功，好处来得比正道更迅速、更轻松，自然引得众人仿效。这种投机行为如果不加以遏制，可能引得许多人放弃正道。国家危矣！

第十九章

绝学无忧

原文

绝圣弃智，民利百倍；绝仁弃义，民复孝慈；绝巧弃利，盗贼无有。此三者以为文，不足。故令有所属：见素抱朴，少思寡欲，绝学无忧。

注释一

1. 圣：此处是指一种智能而言，不同于"圣人"的圣。

2. 巧：机巧、欺诈。

3. 文：文饰、浮文。

4. 属（shǔ）（zhǔ 辜）：归属、适从。

5. 见（jiàn）素抱朴（pǔ）：意思是保持原有的自然本色。"素"是没有染色的丝；"朴"是没有雕琢的木。

英译

No Learning, No Worry

If cleverness and ingenuity are abandoned,

the people will get a hundredfold benefit;

if benevolence and righteousness are rejected,

the people will restore the nature of filial piety;

if skill and profit are quit,

thieves or robbers will disappear.

These three things are all ornaments.

They are not enough to govern the state,

so it is necessary to unite people's thoughts and understandings,

maintain their pure and simple nature,

reduce their desires,

and make them abandon cleverness and learning

so that crisises can be avoided.

注释二

1. "绝学无忧" 的英译

老子为什么主张 "绝学无忧" 呢？我们不便在注释中探讨，但每当我们看到原文与译文时都难免发出 "灵魂的拷问"。一个社会失去 "学习" 会怎样？许渊冲的译文 "be unlearned and unworried"，Arthur Waley 的 "Banish learning, and there will be no more grieving". 以及辜正坤的 "discard cultural knowledge and worries disappear" 都能准确地表达老子的本意，但老子的本意却让几千年后的我们看不懂。看看我们的译文："make abandon wisdom and learning to avoid crisis"，琢磨一下 "crisis" 这个词。你能得到一点启发吗？不能按现在的标准去要求老子，不是吗？

2. "令有所属" 的英译

在任何时代，人本来就是最有灵性的动物，如果再有机会学习提高，那么其中的很多人就会变得更加聪明、智慧。人有了更多自己的思想，也就不那么好领导，而这对统治者而言是致命的。"令有所属" 的意思是：使百姓的思想有所归属，我们的理解就是"统一百姓的思想，与中央保持一致"，所以我们译成了"to unite one's thoughts and understandings"。辜正坤的译文 "make sb.subject to"也算是接近原意，许渊冲的"observe the rules"没能准确反应"令有所属"的内涵，而 Arthur Waley 的 "let sb. have accessories"就差强人意，距离老子的本意有十万八千里之远了。

新说

与18章一样，《道德经》的这一部分针对性很强。"圣智、仁义、巧利"，三者应该是儒家的主张。由此可见，老子肯定是有感而发。该章仿佛让我们看到了道儒两家的一场辩论大赛。

道家主张无为而治，而对民众实施教育使其聪明智巧是儒家的一贯做法。

道家以为天地、圣人无所谓仁慈，老子认为大道不费，就不需要仁义。儒家却将仁义与道德并称。

道家主张不争、寡欲，而儒家主张积极进取、以巧获利。

两者观点的不同，体现了双方在人性论和人生观方面的差异。相对而言，儒家的主张更接近现实人生，而道家却更富于理想和浪漫色彩。

另外，我有几个问题：

1.盗贼之所以为盗与追求巧利有必然的联系吗？少私寡欲真的可以防止盗贼成为盗贼吗？

2.愚民对民众有那么大的好处吗？

3.孝慈是人类天生的本性吗？不讲仁义，民复孝慈，就能实现和谐吗？六亲不合是因为利吗？

4.令有所属：统一思想，不通过思想教育（洗脑）能实现吗？而"洗脑"不就成了有为而治吗？

过去的中国哲人对自然规律认识有限，从来不会想到主动去改变，强调"顺应"。因为某些聪明的人做了坏事，他们就否定智慧的积极作用。因为"仁义"

讲究过了头，只注重形式，便主张抛弃"仁义"。因为商品买卖获了利，引起某些人眼红，就认为商业成了盗窃的本源。借此，哲人主张对百姓实施思想教育，使其不多想，逆来顺受，放弃上进心，以便躲开祸患。在我看来，果然如此这般的话，国家治理起来可能容易了许多，但整个社会的进步与发展又从何谈起呢？既然主张二分法看世界，为什么就不能不求全责备呢？

第二十章

人之所畏

原文

唯之与阿，相去几何？美之与恶，相去若何？人之所畏，不可不畏。荒兮，其未央哉！众人熙熙，如享太牢，如春登台。我独泊兮，其未兆；沌沌兮，如婴儿之未孩；傫傫兮，若无所归。众人皆有余，而我独若遗。我愚人之心也哉！俗人昭昭，我独昏昏。俗人察察，我独闷闷。淡兮，其若海，飂兮，若无止。众人皆有以，而我独顽似鄙。我独异于人，而贵食母。

注释一

1. 唯：恭敬地答应，这是晚辈回答长辈的声音。

2. 阿（ē）：怠慢地答应，是长辈回答晚辈的声音。

3. 未央：未尽、未完。

4. 太牢：古代帝王祭祀社稷时，牛、羊、豕（shǐ 猪）三牲全备为"太牢"。此处喻盛宴之美食。

5. 孩（hái）：同"咳"，形容婴儿的笑声。

6. 傫（lěi）傫兮：疲倦闲散的样子。

7. 遗（wèi）：不足的意思。

8. 察察：严厉苛刻。

9. 闷闷：纯朴诚实。

10. 澹（dàn）：辽阔、辽远。

11. 飂（liáo）：急风。

12. 有以：有用、有为，有本领。

13. 顽似鄙：形容愚陋、笨拙。

英译

Can I Not Fear What Others Fear ?

How far is the distance between "Yes" and "No"?

How much is the difference between Good and Evil?

I have to fear what others fear.

This ethos has been like this since ancient times,

and it seems to have no end.

The crowd is bustling and cheerful,

as if going to a grand banquet,

or as if getting on a stage

to enjoy the beautiful scenery in spring.

However, I stay alone and remain indifferent.

How puzzled I am!

Just like a baby who can't smile.

Tired and idle, I am like a prodigal son

who has not yet settled down.

All the other people have a lot of ideas,

but I have a lot of questions.

I really have only a fool's heart!

Everyone shines and dazzles,

but I am alone, confused;

everyone is so severe and harsh,

but I am alone , honest and generous.

Oh, to be or not to be?

It's like a rough sea.

To be or not to be?

It seems that I am wandering here and there

without knowing where to go.

All the others are smart and skillful,

while I am stupid and clumsy.

The only thing that makes me different from others

is that I have got the divine law.

注释二

1. "众人皆有余，而我独若遗"的英译

　　一般情况下，这句话被解释成：众人的东西多得用不完，我却什么都没有。但是，我对这句话的理解与另外三位译者不同，而且我觉得自己才是正确的。根据上下文，我的理解是：众人的思想和主意都很多，而我却有很多疑问。据此，我把此句译成了"All the other people have a lot of ideas, but I have a lot of questions"。Arthur Waley 的译文是 "All men have enough to spare; I alone seem to have lost everything"。辜正坤的译文与许渊冲的译文差不多。辜的译文是 "The multitude all have more than enough, while I, alone, seem to have nothing"。而许译成了 "All men have more than enough; alone I seem to have nothing left"。如此，我是否要坚持自己的理解呢？

2. "贵食母"的英译

译者对"贵食母"的理解基本相似，但表达方式各异，充分反映了英语语言的丰富多彩。许渊冲译成"I value the mother who feeds"；辜正坤译成"I take the greatest interest in obtaining Tao."；Arthur Waley 的译文稍显复杂："I prize no sustenance（food or drink）that comes not from the Mother's breast"。而我们的译文最好懂："I have got the divine law"。

新说

版本不同，内容不同，正常；版本相同，内容相同，也正常；但如果内容相同，解释却不同，正常吗？也正常。

甲从《道德经》上读出治国思想；乙从《道德经》上读出养生之道；丙从《道德经》上读出哲学的原理。老子当年都没有想这么多吧？

本章的第一句就出现了两种版本，是"绝学无忧"，还是"唯之与恶，相去几何"？怕是考古学家都回答不上来了。当年出现这样的情况，肯定有其复杂的背景，但这给后代留下了一个论战的理由。

本章描述了圣人（得道之人）与一般民众的区别。比如说，一般的人喜欢热闹，喜欢到人多的地方，而圣人却喜欢淡泊宁静独处；一般的人，追求物质享受，喜欢丰衣足食的生活，而圣人却喜欢闲散，无拘无束的浪子生活；一般的人喜欢争强好胜，炫富攀比，而圣人却混沌、闲散、迷糊、淳厚、笨拙。总之，老子的正话反说让我们看到了一个异于凡人的圣人形象。

老子说：人之所畏，不可不畏；孔子说：君子有三畏，畏天命，畏大人，畏圣人之言。两位圣人所指应该都是修道之人所应遵守的道德标准。

如此，俗人有俗人的生活目的，道人有道人的生命情调。一般人对人生都有目的，或求升官发财，或求长命百岁。而以道家来讲，人生是没有目的的，亦就是佛家所学"随缘而遇"，以及儒家所说"随遇而安"的看法。

　　"洒脱、逍遥"用在老庄及其徒孙身上也算合适。其实，我也无时无刻不在向往这种生活。别人皆醉我自醒，别人皆忙我自静；别人皆贪我不足，别人皆苟我宽容。总之，这个世界已经变得浑浊不堪，里面的百姓也不明就里，昭昭察察，整天为生活奔波忙碌。只有看破红尘的人才不会参与其中。他们得过且过，知足常乐。夏有凉风冬有雪，便是人生好时节。"然并卵"，这符合"道"吗？难道只有你们这些人理解"道"吗？

第二十一章

宁信其有

原文

孔德之容，唯道是从。道之为物，惟恍惟惚。惚兮恍兮，其中有象；恍兮惚兮，其中有物；窈兮冥兮，其中有精；其精甚真，其中有信。自今及古，其名不去，以阅众甫。吾何以知众甫之状哉？以此。

注释一

1. 孔：大。

2. 容：运作、形态。

3. 恍惚：仿佛、不清楚。

4. 象：形象、具象。

5. 窈（yǎo）：深远，微不可见。

6. 冥（míng）：暗昧，深不可测。

7. 精：最微小的原质，极细微的物质性的实体。

8. 阅：认识。

9. 甫：“父”通，引申为始。

英译

Believe It or Not, It's up to You

The form of great virtue is determined by the divine law,

an entity, neither clear nor fixed.

It is so dreamy,

but there is an image in it.

It is so dreamy,

but there is an object in it.

It is so profound and dark,

but there is essence in it;

this essence is real,

and it can be trusted.

Since ancient times,

its name has never been abolished.

Only with the help of it

can we observe the beginning of all things.

How do I know in what way everything begins?

By means of the divine law.

注释二

1. "道之为物，惟恍惟惚"的英译

果然，许渊冲又用上了 "to be and not to be"。他的译文是 "The divine law is something which seems to be and not to be"。而辜正坤的译文中规中矩："Tao, as a thing, is vague and indefinite"。我们把"物"译成了 "entity"，把"恍惚"译成了 "neither clear nor fixed: The divine law is an entity, but neither clear nor fixed"。Arthur Waley 用的词的确令人恍惚了："the Way is a thing impalable, incommensurable"。前者意为"that cannot be touched or felt"，后者的意思是"that cannot be measured"。

2."自今及古，其名不去，以阅众甫"的英译

我始终认为"since"一词表达的时间范围就是"自古至今"，可以替代"from...to the present"或者"till now"。所以，我们将此句译成"Since ancient times, its name has never been abolished. Only with the help of it can we observe the beginning of all things"。许渊冲的译文："From ancient times to present day, its name cannot be erased so that we know the fathers of all things"，其中 cannot 是否有时态的误译？ Arthur Waley 的译文"From the times of old till now, its charge has not departed, but cheers onward the many warriors"，其中的 "charge"作何解释？"阅"是"取悦"的意思吗？不是"认识"的意思吗？"甫"被译成了"warrior"，"战士"？怕是错了。"甫"，同"父"。 由此看来，辜正坤的译文 "From ancient times to now, its name has always been accepted, and with which, the beginning of all things can be surveyed". 也还不错。

新说

关于宇宙的起源，目前学术界影响较大的"大爆炸宇宙论"是 1927 年由比利时数学家勒梅特提出的。他认为，最初宇宙的物质集中在一个超原子的"宇宙蛋"里，在一次无与伦比的大爆炸中，分裂成无数碎片，形成了今天的宇宙。

1948 年，美籍物理学家伽莫夫等人，详细勾画出宇宙有一个致密、炽热的奇点，于 140 亿年前一次大爆炸后，经一系列元素演化到最后形成星球 -- 星系的整个膨胀演化过程的图像。但是该理论存在许多令人迷惑之处。

许多早期的传统，以及犹太教、基督教和伊斯兰教认为宇宙是相当近的过

去创生的。事实上，圣经的创世日期和上次冰河期结束相差不多，而这似乎正是现代人类首次出现的时候。

另一方面，诸如希腊哲学家亚里士多德一些人，他们不喜欢宇宙有个开端的思想，他们觉得这意味着神意的干涉。他们宁愿相信宇宙已经存在了无限久并将继续存在无限久。

然而在十九世纪，证据表明地球及宇宙其他部分，事实上是随时间而变化的。地学家们意识到岩石以及其中化石的形成需要花费几亿甚至几十亿年的时间，这比创生论者计算的地球年龄长得太多了。

1929 年，美国天文学家哈勃提出了哈勃定律。他发现，星系的红移量与星系间的距离成正比，这就是哈勃定律。根据这一定律，人们可以推导出所有的星系都在互相远离，而且距离地球越远的星系运动速度越快。这就是说，如果逆着时间把星系现在的运动向前追溯，那么，在 100 亿和 200 亿年之间的某个时刻，所有的星系似乎都应该聚合在一起，而形成一个点，这就是宇宙的起点。

根据大爆炸理论，爆炸飞出的物质在空间相遇，有很多物质颗粒因引力作用相互吸引而聚到一起，形成巨大的星体，其中的物质由于引力的作用而受到极大的压力，产生极高的温度，使内部引发聚变反应，放出巨大的能量，也有大量的物质因此被抛射出去，有的又聚合成新的恒星，有的则构成了行星。地球就是这样的一颗行星，构成地球上万物的物质都是这样来自不同的恒星，并由它们孕育了生命。如此说来，我们的身体，竟然是由来自不同恒星的物质构成的，

在百姓眼里，"道"是无形的，而在圣人眼里，"道"却是实实在在的。因为它恍惚、深暗，所以凡人是看不见"道"的，只有圣人才能看到"道"的精质和形象。由此，也只有圣人才可以传道、释道。圣人把"道"说得越玄，越能显得"道"博大精深，也越发让自己显得伟大。

第二十二章

圣人抱一

原文

"曲则全，枉则直，洼则盈，敝则新，少则得，多则惑。"是以圣人抱一为天下式。不自见，故明；不自是，故彰；不自伐，故有功；不自矜，故长。夫唯不争，故天下莫能与之争。古之所谓「曲则全」者，岂虚言哉！诚全而归之。

注释一

1. 枉：屈、弯曲。

2. 式：法式、范式。

3. 见（xiàn）：同现。

4. 伐：夸耀。

5. 矜（jīn）：自高自大。

英译

The Sage Holds on to One

Trees are preserved from being cut down because they are bent;

but when the wood is bent, it will be cut with an axe;

when the land is low, it will be filled with water first;

when things are worn out, they will be renewed;

when you have not enough, you will be naturally supplied;

but if you are greedy, you will be confused.

Therefore, the sage sticks to this principle

as the paradigm of world affairs.

Without self-praise, you will have a clear perception;

without self-righteousness,

you will make a distinction between right and wrong;

without self-boasting, you will win success;

without arrogance, you will be the leader of the world.

It is precisely because you do not deliberately compete with others

that no one in the world can compete with you.

"Trees are preserved from being cut down because they are bent."

The old saying above is true.

How can it be empty talk?

It can actually be achieved.

注释二

1.　"曲则全，枉则直，洼则盈，敝则新，少则得，多则惑。"的英译

我们一直认为，老子的思想是以小见大，通过对世间万物的观察发现天地运行的规律。写《道德经》的时候，往往也是借助身边发生的小事或者看到的小东西来阐明人间大道。所以，在翻译上面这句话的时候，我们还是把"曲"同树、"枉"同木、"洼"同地联想到了一起，译成了"Trees are preserved from being cut down because they are bent; but when the wood is bent, it will be cut with an axe; when the land is low, it will be filled with water first; when things are worn out, they will be renewed; when you have not enough, you will be naturally supplied; but if you are greedy, you will be confused"。相对而言，另外

三家的译文更简洁。如辜正坤的译文："Bow down and you are preserved; Bend and you can be straight; Hollow, then new; Worn, then full; Seek a little and you get a lot"，"曲"译成了"鞠躬"。Arthur Waley 的译文："To remain whole, be twisted! To become straight, let yourself be bent. To become full, be hollow. Be tattered, that you may be renewed. Those that have little, may get more. Those that have much, are but perplexed"，"曲"译成了"弄弯"。许渊冲的译文："Stooping, you will be preserved. Wronged, you will be righted. Hollow, you will be filled. Worn out, you will be renewed. Having little, you may gain; having much, you may be at a loss"，"曲"译成了"弯腰"。从"曲则全"的本意上看，三位译者的翻译没有毛病，但总感觉切入的角度有点直，不太符合老子的一贯思想。

2."诚全而归之"的英译

对这句话的准确意思，大家的见解并非一致。从译文看出，辜正坤的理解是 "It can be really proved effective"。许渊冲的理解是 "It is indeed the whole truth to which lead all the ways"。Arthur Waley 的理解是 "For true wholeness can only be achieved by return"。我们则是根据多数人的解释把这句话翻译成了 "It can actually be achieved"，但总感觉意犹未尽。

新说

在哲学思想发展的初期，就已具有关于对立面的斗争和转化的思想。古希腊哲学家赫拉克利特认为，一切都是经过斗争产生的。中国古代道家经典《易经》用阴和阳两种对立力量的相互作用解释事物的发展变化。近代德国哲学家黑格尔以唯心主义的方式，系统地表述了关于对立统一的思想，认为矛盾是推动整个世界的原则。马克思主义批判地改造和吸取了哲学史上特别是黑格尔的合理思想，深入地揭示了对立统一规律，并给出了科学的论述。

老子提出了相反的事物相互依存的辩证关系，指出事物都是"有无相生、难易相成、长短相形、高下相倾、音声相和、前后相随"，同时指出了矛盾的双方相互转化是一种普遍现象：曲则全，枉则直，洼则盈，蔽则新，少则得，多则惑；弱之胜强，柔之胜刚；祸兮，福之所依；福兮，祸之所伏。

马克思主义哲学被大家认为是科学的观点。难道老子的观点不科学吗？老子用小事例讲大道理，帮助人们明白为人处事的方式、方法。这种做法恰恰符合其"不自见，故明；不自是，故彰；不自伐，故有功；不自矜，故长"的建议，所以两千多年来，天下莫能与之争。由此，我以为，老子的观点也属于朴素的科学。

中国古人向来推崇委曲求全、逆来顺受、中庸之道，给出的理由也十分令人信服，因为现实中确有许多相反做法导致不良结果的例子为他们的主张做了注脚。

但是，在充满竞争的当代社会里，主动参与竞争乃成功之道；放弃竞争就意味着失败。不自我夸耀，就没有人会关注你；自我矜持，就会失去展示自己的机会。不与人竞争，的确意味着没有人能与他争，可他根本不顺应现实的道，还能算得上一个得道之人吗？

第二十三章

希言自然

原文

希言自然。故飘风不终朝，骤雨不终日。孰为此者？天地。天地尚不能久，而况于人乎？故从事于道者，同于道；德者，同于德；失者，同于失。同于道者，道亦乐得之；同于德者，德亦乐得之；同于失者，失亦乐得之。信不足焉，有不信焉。

注释一

1. **希言**：字面意思是少说话。此处指统治者少施加政令、不扰民的意思。

2. **飘风**：大风、强风。

3. **朝（zhāo）**：早晨。

4. **从事于道者**：按道办事的人。

5. **失**：指失道或失德。

英译

It Is Natural to Speak Little

It is quite natural to speak little.

A strong wind won't last a whole morning,

and a heavy rain won't continue all day long.

What makes it so?

It is heaven and earth.

The anger of heaven and earth cannot last long,

let alone that of man.

Therefore, the person who acts

according to the principle of the divine law

is close to the law,

and the person who acts according to the principle of virtue

is consistent with virtue;

the person who does not act according to the divine and human law

is lack of morality.

If you act according to the principle of the divine law,

it is easy to get it;

if you act according to the principle of the human law,

your virtue will gradually increase;

the one who is immoral

is easy to be accepted by those who are immoral.

But if the ruler's integrity is insufficient,

some people will not trust him.

注释二

1. "天地尚不能久，而况于人乎"的英译

许渊冲的译文是 "Heaven and earth cannot speak long, not to speak of man"。总觉得第一个"speak"用得不对。"飘风、骤雨"岂是"天地在说话"？所以，我们译成了"The anger of heaven and earth cannot last long, let alone man"。"Anger"一词我们认为用得很讲究：天地发怒才有"飘风骤雨"。

辜正坤的译文 "Heaven and Earth cannot make it last long. How can man"？倒也在谱。但 Arthur Waley 的译文就变得太多了，以至于不好懂："If Heaven and Earth cannot blow or pour for long, how much less in his utterance should man"。

2. "信不足焉，有不信焉" 的英译

这个句子我们与辜正坤的理解基本相同，分别译成了 "If the ruler's integrity is insufficient, some people will not trust him". 和 "The lack of faith on the part of the ruler leads to the lack of the people's confidence in him"。然而，许渊冲的译文就大相径庭了："Some are not trustworthy enough, some not at all"。就连 Arthur Waley 的译文："It is by not believing in people that you turn them into liars". 也与我们的译文反道而行。于此，只能抱怨老子为何不把话说得更明白些。但如果想到老子主要把话说给君主听，那么我们的理解无疑更准确。

新说

希言＝贵言。希言自然＝多言数穷。信不足焉，有不信焉。

同样的意思在第五章、第十七章中已经出现过，希望统治者改变政令频出的做法。老子用自然界狂风暴雨并不持久的事实做比喻，告诫统治者实施暴政不符合自然规律。

老子建议统治者要希言。他还说，只要相信"道"并照着做，就自然会得"道"，反之就不可能得"道"。如果统治者诚信不足，老百姓就不会信任他。

不过第二句话的"故"字令人费解。

从事道＝追随道，同于道＝与道融为一体，失者＝不讲道德的人。

同于失者，失亦乐得之。意思是失去道德的人，也容易被不讲道德的人所接受。

我们从中读出的信息主要有，

1. 残暴与苛政是不能持久的；

2. 灾祸也有结束的时候，这是大自然的规律；

3. 天道高于人道；

4. 物以类聚，人以群分；

5. 一个人不讲诚信就会失去别人的信任。

然而，在信息传播速度如光似电的今天，具体到个体，少说话、不说话不见得是一个上佳选项。在一个透明的社会里，人们享有了更多的知情权。人们希望在最短的时间里知道事件的真相，于是各级政府部门都有了自己的新闻发言人。公开信息不再是扰民之举，反而是赢得民心支持与信任的渠道。隐瞒事实，掩盖真相，欲盖弥彰，到头来只能搬起石头砸自己的脚。一个失去百姓信任的政府的生命力是不会长久的。

第二十四章

欲速不达

原文

> 企者不立；跨者不行；自见者不明；自是者不彰；自伐者无功；自矜者不长。其在道也，曰余食赘形，物或恶之，故有道者不居。

注释一

1. 企：举起脚跟，脚尖着地。

2. 跨：加大步伐，想要快速行走。

3. 彰：明显、显著。

4. 赘（zhuì）：多余的。

英译

More Haste Makes Less Speed

If you stand on tiptoe to be taller,

you can't stand long;

if you take big strides to move faster,

you can't go far.

Quite similarly,

those who show off will not be able to make a correct judgment;

those who are self-righteous are not recognized;

those who boast do not have praiseworthy deeds;

and those who are conceited cannot be the leader.

From the perspective of the divine law,

such behaviors might only be leftovers.

Because they are disgusting things,

those who follow the divine law will never do so.

注释二

1. "企者不立；跨者不行"的英译

就这句话，各位译者的理解大同小异。看看辜正坤："He who stands on tiptoes cannot stand well; He who walks with great strides canot walk well."，两个地方都用了 well，让人觉得不够用心。许渊冲的："One who stands on tiptoe cannot stand firm; who makes big strides cannot walk long."，一个"firm"，一个"long"，明显比辜讲究了。而 Arthur Waley 的译文中"He who stands on tiptoe does not stand firm; He who takes the longest strides does not walk the fastest".用了"the longest"与"the fastest"，感觉不太符合老子的本意。最后看看我们的译文："If you stand on tiptoe to be taller, you cannot stand long; If you take big strides to move faster, you cannot go far".虽然看上去有点啰唆，但对初级水平的读者却有益处。

2. "其在道也，曰余食赘形"的英译

前面半句，译者的理解完全一致。辜正坤译成"from the point of view of Tao"，许渊冲译成"in the light of the divine law"，Arthur Waley 译成"from the standpoint of the Way"，我们则译成了"from the perspective of the divine law"。但后边半句就不大一样了。辜译成"these behaviours are like leftover food and superfluous excrescence",许译成了"such behavior is like superfluous food",我们的译文是"such behaviours might only be leftovers"。无所谓好坏。但看看 Arthur Waley 的译文:"it is said "Pass round superfluous dishes to those that have already had enough, and no creature but will reject them in disgust"。给人的感觉首先是对原文理解不透,其次用祈使句翻译也显得不地道。有时候很难理解,一个母语为英语的翻译家竟然更多地直译。难道身边有人在用现代汉语给他解释原文?

新说

本章继 22 章后再次论述了一个团队领袖应该具备什么样的特质。

莫好高骛远,急功近利,要脚踏实地,兢兢业业。

莫自成己见,自以为是,要博采众长,集思广益。

莫自吹自擂,自高自大,要谦虚谨慎,虚怀若谷。

老子认为,凡是急躁、炫耀的行为都不合乎"道"的精神,所以"物或恶之"。

凡事预则立但欲速则不达。没有基础,缺乏积累,总想一口气吃个胖子,这种做法在任何社会、年代都难以成功,可谓真道也。

凡事要把握好度。没有自信心不好,但自以为是就过了;自我推介是必要的,但自我炫耀就错了;自立自强是应该的,但自高自大就不受欢迎了。

成功者知道什么时候应该唱高调,什么时候必须保持低调,所以才成功了。

第二十五章

道法自然

原文

> 有物混成，先天地生。寂兮寥兮，独立而不改，周行而不殆，可以为天地母。吾不知其名，字之曰道，强为之，名曰大。大曰逝，逝曰远，远曰反。故道大，天大，地大，人亦大。域中有四大，而人居其一焉。人法地，地法天，天法道，道法自然。

注释一

1. 混成：混然而成。指浑朴的状态。
2. 寂兮寥兮：寂静而空虚。
3. 周行：循环运行。
4. 母：根本。
5. 反：同"返"。意为返回到原点，返回到原状。
6. 域中：宇宙之间。

英译

The Divine Law Follows Nature

There is a mixture that existed before heaven and earth were formed.

It is vacant and vast.

It survives independently and never stops.

It circulates but never fails, and so it can be the root of all things.

I don't know its name, so I call it the divine law,

and then give it a name "Great".

It is vast, and it runs endlessly, stretches far away and returns to its origin.

Therefore, the divine law is great,

heaven is great,

earth is great,

and so is man.

There are four great things in the universe,

and man is one of them.

Man follows earth,

earth follows heaven,

heaven follows the divine law,

and the divine law follows nature.

注释二

1. "有物混成，先天地生"的英译

译者的分歧主要在"混"，但基本意思都表达出来了。Arthur Waley 译成了 "There was something formless yet complete, that existed before heaven and earth"。许渊冲则译成 "There was chaos before the existence of heaven and earth"。辜正坤 "There is a thing integratedly formed and born earlier than Heaven and Earth"。我们则用了 "mixture" 表达"混合物"："There was a mixture that existed before heaven and earth were formed"。我们觉得"form"这个词也比"existence"更能带给读者以想象。

2."大曰逝，逝曰远，远曰反"的英译

对"逝"的理解分成了两派。Arthur Waley 与许渊冲都把"逝"理解成"pass"，而我们的理解与辜正坤的一样："run"或者"move forward without stopping"。Arthur Waley 的译文中"ta"指"大"："Now ta also means passing on, and passing on means Far Away, and going far away means returning"。许渊冲的译文是"The great will pass away, passing implies a long way, and however long, the way will return in the end"，其中的 imply 用得不错。我们则把"大"译成"vast"，而且没有完全按套路去翻译："It is vast, and it runs endlessly, stretches far away and returns to its origin"。辜正坤的译文是"Great is moving forward without stopping, extending to the remotest distance, and then returning to where it was"，觉得在"without"后面连着用了三个动名词，结构上容易让读者产生误解。

新说

根据老子《道德经》全文内涵，"道"，主要指客观规律，"德"，就是按客观规律办事。本章继续论述了道的实质及其与天、地、人之间的关系。

第一章：道，非一般意义上的道；第四章：道，似万物之宗，帝之先；第六章：天地根；第七章：天长地久；第十四章：道，混而为一，无状之状，无象之象，是谓恍惚；第十六章：天乃道；第二十一章：道，物，象；第二十三章：天地尚不能久，而况于人乎；第二十五章：有物混成，先天地生，为天地母；人法地，地法天，天法道，道法自然。

在《道德经》全部81章中，老子没怎么提及动物，但他把人类列入宇宙中"四大"之中，说明在他心中，人是通灵之物。把天、地、人并列并非老子首创，在《易经》里已经提出来。老子把天还原为天空，而道是先天地而生的。道产生万物，是天地之根，万物之母，宇宙的起源。

本章关键词是"道法自然"。其意为道效法或遵循自然。也就是说，万事

万物的运行法则都是遵守自然规律的。

人类眼中的宇宙充满了神奇、奥妙与未知。思维活跃、想象力丰富的圣人就从自己的角度去观察、描述这个世界。怎么都想不透彻的即为"玄"，怎么都看不见边界的即为"大"。事实是，几千年后的今天，人类对宇宙的认识也只是多了一点皮毛而已。

余秋雨说过这样一段话：本来，人类是为了摆脱粗粝的自然而走向文明的。文明的对立面是荒昧和野蛮，那时的自然似乎与荒昧和野蛮紧紧相连。但是渐渐发现，事情发生了倒转，拥挤的闹市可能更加荒昧，密集的人群可能更加野蛮。

很有意思。

第二十六章

轻则失根

原文

重为轻根，静为躁君。是以君子终日行不离辎重。虽有荣观，燕处超然，奈何万乘之主，而以身轻天下？轻则失根，躁则失君。

注释一

1. 躁（zào）：动。

2. 君：主宰。

3. 辎（zī）重：军中载运器械、粮食的车辆。

4. 荣观：贵族游玩的地方。指华丽的生活。

5. 燕处：安居之地。

6. 万乘（shèng）：乘指车子的数量。"万乘之国"指拥有兵车万辆的大国。

英译

Light, the Base Will Be Lost

Heaviness is the root of lightness,

and stillness is the master of restlessness.

Therefore, the sage travels all day long

without leaving the vehicle that carries his baggage.

Although attracted by food and scenery,

he is able to neglect them.

Then why is the ruler rash and restless

when governing a large state?

If you are rash,

you will lose your root,

and if you are restless,

you will lose your dominance.

注释二

1. "重为轻根，静为躁君"与"君"的英译

最初，我们把这句话译成了 "Steadiness is the root of rashness, and stillness is the master of restlessness"。后来想到老子的比喻总是先具体再抽象，所以这里的 "steadiness" 和 "rashness" 还是需要换词。另外三位译者的译文就遵循了先具体再抽象的原则。如辜正坤："Heaviness is the root of lightness. Tranquility is the lord of movement"，许渊冲："The heavy is the base of the light; the still is the lord of the rash"，Arthur Waley："As the heavy must be the foundation of the light, so quietness is lord and master of activity"。"躁"这个字的翻译，我们以为还是用 rash、still、quiet 或者其相应的名词形式为好。至于"根"与"君"，译者的用词虽然不同，但皆算达意。

2. "奈何万乘之主，而以身轻天下"的英译

翻译这句话的时候，我们还是顺着老子开始的思路把"身轻天下"理解成了"治理国家的时候表现得急于求成"，所以我们的译文是 "Then why is the ruler rash and restless when governing a great state"? 与另外三家不一样的还有"万

乘之主"的翻译。我们没有直译，而是借助"a great state"暗喻这个国家的规模。辜正坤的译文"Why should a ruler of ten thousand chariots take reckless action to govern the empire"? 与许渊冲的译文"Why should a ruler of ten thousand chariots make little of the country"? 表达的内涵区别比较明显。我们倾向于前者。Arthur Waley 的译文 "How much less, then, must be the lord of ten thousand chariots allow himself to be lighter than those he rules"? 让我们感觉译者对原文的理解有误。

新说

重为轻根，静为躁君。轻则失根，躁则失君。问题是何以判断孰轻孰重。相对身体的"重"而言，身外之物如：名声、权力、荣誉、道德、金钱，则为轻。没有了自身，其他都是浮云。过分追求身外之物，就是舍本求末，就是失根。

静是人的本性，而躁指欲望。追求身外之物的欲望都是躁动。如果过分躁动，就是忘记本性，即失君。

对得道之人而言，辎重就是其立身之本，而美食、胜景则是身外之物。

注意，读《道德经》，既要读文字本意又要理解其深层意义。老子的每一句都是"话中有话"，也许正因为此，1000 个人至少可以读出 1001 本《道德经》来，而且都以为自己才读到了真经。老子的"恍惚"也不过如此吧。

能超然处世的人方为圣人，而君主却不一定能做到。反过来讲呢？如果圣人成为君主，他还会超然吗？老子做了国家图书馆的馆长，孔子做了国家司法部的领导，都算不上一言九鼎的人物，恐怕也是空有一腔抱负而没有施展之处。一般的美食、盛景是无力吸引圣人的，但他们为什么不拒绝君主给予的封官晋爵呢？

圣人说的每一句话都很有道理，可又有多少人能达到如此高的境界呢？

第二十七章

尽人所能

原文

善行，无辙迹；善言，无瑕谪；善数，不用筹策；善闭，无关键而不可开；善结，无绳约而不可解。是以圣人常善救人，故无弃人；常善救物，故无弃物。是谓神明。故善人者，不善人之师；不善人者，善人之资。不贵其师，不爱其资，虽智大迷。是谓要妙。

注释一

1. 瑕谪（zhé）：过失、缺点、疵病。

2. 数（shǔ）：计算。

3. 筹（chóu）策（cè）：古时人们用作计算的器具。

4. 关楗（jiàn）：栓梢。古代家户里的门有关，即栓；有楗，即梢，是木制的。

5. 绳约（yuē）：用绳子捆起来。

6. 资：借鉴。

7. 要妙：精要玄妙、深远奥秘。

英译

Enable People to Do What They Can

Those who are good at driving will not leave tracks;

those who are good at talking will not have faults;

those who are good at counting will not need counters;

those who are good at locking

will make the door without bolts difficult to open;

those who are good at binding without rope

will make it hard to untie.

Therefore, a sage often saves people,

so they are not abandoned;

the sage often makes the best use of things,

so there are no abandoned objects.

It is called the internal intelligence.

Thus the good man can be the teacher of the evil man,

and the evil man can be the mirror of the good man.

It's foolish of a man not to respect his own teacher

and cherish his role as mirror,

and it's also silly to think himself smart.

This is the key to success.

注释二

1. "善闭，无关楗而不可开；善结，无绳约而不可解"的英译

翻译这句话颇费脑筋。看看我们的译文："Those who are good at locking will make the door without bolts difficult to open; those who are good at binding without rope will make it hard to untie"。在这里我们强调的还是与上文一致：人。这点我们与辜正坤的想法相同。他的译文是"He who is good at shutting renders all efforts of opening in vain though he uses no bolts. He who is good at tying renders all efforts of untying in vain though he uses no ropes."，但句子结构有点过于复杂。

许渊冲与 Arthur Waley 强调的是"物",所以译文中句子的主语均为"物"。许的译文是"A good lock without a bolt cannot be opened. A good knot tied without strings cannot be untied"。 Arthur Waley 译成了"The perfect door has neither bolt nor bar, yet cannot be opened. The perfect knot needs neither rope nor twine, yet cannot be untied"。总的感觉是前者的译文大都简洁,而后者的译文大都直接。

2."善人者,不善人之师;不善人者,善人之资"的英译

这句话里有一个词的选用令我们感到少许得意,但相信读者能够悟到我们的意思。这个词就是"资",我们用了"mirror"去对应,借以表达"反面典型"之意。Arthur Waley 的译文:"Truly, the perfect man is the teacher of the imperfect; but the imperfect is the stock-in-trade of the perfect man.", 他把"资"译成了"stock-in-trade",是否欠妥呢?许渊冲的译文更是离谱:"Thus a sage is the teacher of common people and the common people are the stuff for good men.", 难道在他的眼中,老百姓都是"不善之人"?辜正坤译成"Thus the good man is the bad man's teacher; the bad man is the material from which the good draws lessons.", "资"被译成了"material",人成了"物"?老子的意思是这样的吗?

新说

聪明人行不言之教,或善行,或善言,或善数,或善闭,或善结,奇人频出。而圣人的特长在于挽救人的灵魂,同时发挥物的作用。

圣人认为,君子可以成为恶人的榜样,他能引领后者认识到自己的错误,同时避免本人也出现类似的问题。换句话说,聪明人善于学习别人的长处,同时接受别人的教训。

所谓"善行无辙迹",有这样一种解释:真正做大事的人、行为高洁的人所做的好事完全不着痕迹,做好事不留名。

善于言谈的，沉默寡言，言而无过，让人抓不住把柄。

所谓"善数不用筹策"，是说真正善算的人不靠工具而用头脑，或者说：善于谋划的不露心机，而且运筹帷幄，让对手摸不清底细。

所谓"善闭，无关楗而不可开"，是说有些东西本来就没有开关，是虚空，故不可开。

所谓"善结，无绳约而不可解"，指的是"心锁"。

真正的大圣人不抛弃任何一个人；真正的大圣人不浪费任何一种东西。

人各有所长。有人善走，有人善说，有人会算计，有人会技巧。生活在同一个空间里，相互帮助才能够减轻生活压力，提高生存质量。我以为，一般民众都能做到这一点，因此也算不上什么大智慧。当然，林子大了什么鸟都有。有私心的人无处不在，自以为比别人聪明的人到处都是。短时间内这种人可能占到便宜，但时间长了，周围的人对他们有了更多的了解，便多了一些防范，他们也就没有好处可捞了。

第二十八章

知雄守雌

原文

知其雄，守其雌，为天下溪。为天下溪，常德不离。常德不离，复归于婴儿。知其荣，守其辱，为天下谷。为天下谷，常德乃足。常德乃足，复归于朴。知其白，守其黑，为天下式。为天下式，常德不忒。常德不忒，复归于无极。朴散则为器，圣人用之，则为官长，故大制不割。

注释一

1. 雄：比喻刚劲、躁进、强大。

2. 雌：比喻柔静、软弱、谦下。

3. 忒（tè）：过失、差错。

4. 无极：意为最终的真理。

5. 官长（zhǎng）：百官的首长。指领导者、管理者。

英译

Learn to Be a Stream in a Vale

As a man, he knows well what is strong,

but remains soft as a woman,

like a stream in the world.

Being a stream in the world,

he will not lose his eternal virtue.

If his eternal virtue is not lost,

it can restore to a state as simple as a baby.

He knows well what is bright,

but he is content with staying in the dark, and

he becomes a model in the world.

Being a model in the world,

he will not lose his eternal virtue

and can restore to the inexhaustible state.

He knows well what glory is,

but maintains a humiliating status,

like a vale in the world.

Being a vale in the world,

he has sufficient eternal virtue

and returns to the original state of simplicity.

The Simplicity is scattered

and turned into instruments,

while the one who follows the divine law makes use of them,

and becomes the ruler.

So a mature system will not quit those who are moral.

注释二

1. "知其雄，守其雌，为天下溪"的英译

四位译者对这句话的理解完全一致。Arthur Waley 的译文是 "He who knows the males, yet cleaves（stick fast）to what is female because like a ravine(deep, narrow valley), receiving all things under heaven."。可能是排版印刷问题，句子结构不完整。许渊冲的译文风格没有变化："Learn to be hard as man and remain soft as woman like a stream in the world"，只是 hard 能否表达"雄"之意呢？我们译成了"As a man he knows well what is strong but remains soft as a woman, like a stream in the world."，把"strong"与"soft"对应，比"hard"应该更合适。辜正坤的用词最男人（masculine）："Though knowing what is masculine, you are ready to play the role of female and content to be a stream in the world."。

2."朴散则为器，圣人用之，则为官长"的英译

"朴"，代表着抽象，"器"则反映了具体。我们对这句话的理解是：圣人善于把理论与实践相结合。所以，我们译成了"The Simplicity is scattered and turned into instruments, while the one who follows the divine law makes use of them, and becomes the ruler."。辜正坤的解释与我们的理解一致："When Simplicity gets shattered and becomes materialized, the sage makes use of it to be the lord over other officials."。许渊冲的译文是"Simplicity many be diversified into instruments. When a sage uses the instruments, he becomes the ruler."。说明英雄所见略同。然而，看看 Arthur Waley 的译文："Now when a block is sawed up it is made into implements; but when the Sage uses it, it becomes Chief of all Ministers."。姑且不论"block"这个词是否准确，"it"能变成"chief of all ministers"吗？

新说

得道之人，为人谦虚、礼让、内敛、包容。他平和无欲如婴儿，他致虚守静似禅定，他朴素纯真至无极。老子为我们刻画出了一个鲜活的大道之人。

什么人能做百官之长？至少一个逞强好斗、追逐名利、荣辱若惊的人，不可。

接下来我们探讨一下现在一名领导应具备的素质：

1. 内心一定要足够强大。意思是说，压力、委屈都要承受，要有肚量去忍受那些自己无法改变的事。

2. 要有组织与协调能力。要有分工，要有合作，要有协调。

3. 要有掌握全局的能力。要学会掌控部门的整体局面。

4. 要有民主决策的能力。要避免一言堂和绝对权力。

5. 要有强有力的执行力。好的领导会分解为团队每一个人看得见摸得着的目标。

6. 要有开放的思想心态。不能夜郎自大，故步自封，好的领导要善于倾听。

7. 要有不断创新的理念。一味地循规蹈矩有害无益，墨守成规是发展的大忌。

8. 要有以人为本的理念。要尊重团队里的每一位成员，重视他们的诉求，为他们创造良好的工作环境。

9. 要有公关推销的能力。要懂得利用媒介来推销成绩或化解危机。

10. 要有以柔克刚的能力。要善用胡萝卜加大棒的策略。

谦虚是一种值得推崇的个性品质，尤其是在一个不提倡张扬个性的社会里。很多国人喜欢奥巴马的风趣幽默，更喜欢普京的果断刚毅，相反却把中国领导人的沉稳冷静看成是软弱。中国已经是能与美俄平起平坐的大国，为什么还要韬光养晦？这让我想到了水。中国三十多年的发展足以证明，邓公的治国之策是正确的，全面体现了中华民族的无限才智。这才是真正的治国之道啊！

这种风格与西方领导的治国模式大不相同。虽然领导经常更迭，但深受中华文明影响（喝中国水吃中国饭）的每一个人都会有敢为天下谷溪的气度，或者说，也只有那些敢为天下谷溪的领导才能得到国人的拥戴。

第二十九章

无为不败

原文

将欲取天下而为之，吾见其不得已。天下神器，不可为也，不可执也。为者败之，执者失之。是以圣人无为，故无败；无执，故无失。夫物或行或随；或嘘或吹；或强或羸；或载或隳。是以圣人去甚，去奢，去泰。

注释一

1. 取：治理。

2. 为：指有为，靠强力去做。

3. 不得已：达不到、得不到。

4. 羸（léi）：虚弱。

5. 载：安稳。

6. 隳（huī）：危险。

7. 甚：非常的、极端的。

8. 泰：过度的。

英译

No Interference, No Failure

If one wants to take the world and govern it by force,

I don't think he can succeed.

The world is divine and cannot be ruled or controlled by force.

If he rules the world by force,

he is bound to fail;

if he controls the world by force,

he is bound to lose.

Therefore, a sage does not interfere,

so he will not fail;

a sage does not dominate,

so he will not lose.

All things have different natures.

Some go forward, some follow;

some hush, some rush;

some are strong, some are weak;

some live in peace, some live in danger.

Therefore,

the sage should get rid of the extreme, extravagant and excessive measures.

注释二

1. "取天下而为之"的英译

各位译者对"取"和"为"的理解有所不同。这里的"取"可以理解为"夺取"，但"为"意为"治理"，所以许渊冲的译文"take the world by force"；辜正坤的译文"gain the kingship by force"；Arthur Waley 的译文"gain what is under heaven by tampering with it"我们认为不尽准确，特别是 Waley 把"天下"译成了"what is under heaven"让我们哑然。我们则译成"take the world and govern it by force"。应该更贴合老子的本意吧。

2."或嘘或吹"的英译

此句的翻译也是各不相同。辜正坤:"Either breathe gently or hard;"许渊冲:"blow high or low";Arthur Waley:"some blow hot when others would be blowing cold"。一开始,我们则翻译成了"some shush(to tell sb to be quiet by saying shush), some rush(急促行事)"。反复诵读,忽然想到译成"some hush(安静), some rush",不仅能表达原意,而且读起来押韵、朗朗上口,岂不美哉?

新说

在本章里,老子继续谈治国之策。

有句俗话说:强扭的瓜不甜。君主想通过立法,强制百姓按法行事,以享天下太平,其出发点不无善意,但是这种做法需要有一定的基础。

首先,从物质上来说国家已经到了丰衣足食的程度,福利有一定保障,民众不再为填饱肚皮而做事。

其次,从精神上讲,民众已经接受了相应的教育,已经可以知法懂法。

第三,从认识的层面讲,绝大部分民众能够克服欲望,能够接受一部分人先富起来的观点,否则一味地推行法治,怕起到相反的作用。

试想一下,靠打工挣的钱不够一家人花费,他能安心打工吗?邻居有人靠不正当的手段发了财,他能不眼红吗?事情如果发展到他冒险都要一试的程度,要么是这个人出了问题,要么是这个社会出了问题。

很多时候是官逼民反,民不得不反。遇到问题不回避,执行政策不强制,对百姓做事不苛求,这样的政府一定得到百姓的拥护。如果行政走极端,富人极奢华,而官员好大喜功、胡乱作为的话,民众怎么能不反抗呢!

回想起朱元璋的苛政,蒋介石对共产党的极力打压,二者都使得百姓生活在恐怖之中。不敢说,哪怕是合理的意见;不敢做,担心冒犯了领袖或当局者。天下貌似平静,实则暗涌波涛,如同待燃的火药桶。为何?一是苛政向来违反人性，令百姓失去了身心自由；二是苛政阻碍了经济发展，让民众吃不饱穿不暖，看不到希望。

不论谁来当政，首先要解决百姓的温饱问题，让他们衣食无忧；其次要满足他们的个性需求，尤其是精神层面的需求。所以，改革、开放实在是明智之举，精准扶贫抓住了中国三农问题的牛鼻子。

第三十章

物壮则老

原文

以道佐人主者，不以兵强天下。其事好还。师之所处，荆棘生焉。大军之后，必有凶年。善者果而已，不敢以取强。果而勿矜，果而勿伐，果而勿骄。果而不得已，果而勿强。物壮则老，是谓不道，不道早已。

注释一

1. 还：报应。

2. 凶年：荒年、灾年。

3. 果：达到目的，取得成功。

4. 而已：罢了。

5. 已：停止，这里可译为"死了""死亡"。

英译

The Prime Is Followed by Decline

Those who assist the ruler

in accordance with the divine law

should not overexert themselves with their troops.

Militarism is bound to get paid back.

Where the army goes,

there are thorns,

and after a big war,

there is bound to be a year of famine.

For people who are good at using troops,

it is enough to achieve the goal,

and they will not be aggressive

in spite of their great strength.

When you have achieved your goal,

do not think that you are virtuous;

when you have achieved your goal,

do not boast about yourself;

when you have achieved your goal,

do not be proud of yourself.

Just think that war is but a necessity and do not show off

even if you have succeeded.

When something is too powerful, it will decay,

which shows that it does not conform to the divine law.

Whatever goes against the divine law will die soon.

注释二

1. "果"的英译

　　"果"，成功、达到目的之意。各位译者理解基本一致。许渊冲把"果"看做名词，译成了"good results（结果）"；辜正坤理解为"取得战争的胜利"，译成"win the war"；Arthur Waley 译成了"fulfill（达到）his purpose"，我们则译成了"achieve your goal"或"succeed"，更便于理解。

2. "果而不得已"的英译

对于此句，辜正坤的译文是 "Win the war but do know it is out necessity"；Arthur Waley 的译文是 "Fulfill his purpose, but only as a step that could not be avoided."；许渊冲则是和 "果而勿强" 合译成一句 "Good results are something unavoidable, not achieved by force."。

"不得已" 意思是无可奈何，不能不如此。辜正坤把 "不得已" 译为 "it is out of necessity"，同时还用了 "do+v.（动词原形）" 强调句式，符合此意。许渊冲和 Arthur Waley 则分别译成了 "something unavoidable" 和 "but only as a step that could not be avoided"；强调客观 "不可避免（unavoidable）"。我们认为，老子的着重点在 "即使违背本意也还必须去做"，所以，我们把此句和 "果而勿强" 合译成 "Just think that war is but a necessity and do not show off, even if you have succeeded."。

3. "勿强"的英译

对这个词的理解，我们与其他三位译者略有区别。辜正坤译成 "do not thereby bully and conquer other countries."；Arthur Waley 译成 "but without violence"；许渊冲译成 "not achieved by force"。我们的理解稍微不同，认为 "强" 在此处的意思是 "逞强、显摆"，所以我们译成了 "do not show off"。

4. "物壮则老"的英译

许渊冲直截了当，译成简单句式 "The prime is followed by decline"；辜正坤译成 "Whatever is in its prime is bound to decline"；Waley 译成 "What has a time of vigour also has a time of decay"。两者都用了 "whatever"、"what" 引导的主语从句；我们则用了 "if" 引导的条件状语从句，译成 "If something is too powerful, it will decay"，各有千秋吧。

新说

老子生活在春秋时期（公元前 770 年至公元前 476 年），是属于东周的一个时期。这个时代，周王的势力减弱，诸侯群雄纷争，齐桓公、晋文公、宋襄公、秦穆公、楚庄王相继称霸。诸侯争霸，给人民带来了灾难和痛苦。据史书记载，春秋 242 年间，有 36 名君主被臣下或敌国所杀，52 个诸侯国被灭。战争的后果必是荆棘遍地、荒年连连。老子就是在这样一个背景下形成了自己的思想体系。

未来的世界是美、中、俄三强鼎立，还是美国一支独大？如果"其事好还"，那么美国应该受到报应；如果"物壮则老"，美国也可能开始走下坡路。

想想美国在中东的恶行及后果，能更好地理解老子的这一论断。先后投入六万亿美元，牺牲了数百万人的生命，却给伊拉克、叙利亚、阿富汗等国家留下一个烂摊子，至今战火不断，生灵涂炭。这一切不都是源于布什父子的好斗吗？

为了保住已有的胜利果实，用兵有时也是迫不得已，但不能因此逞强霸道。希特勒因此败了，东条英机因此输了，现在的美国日子也每况愈下。普京有时候也示强，但往往是在别人打到家门口自己没有任何退路的时候才迅速猛烈放手反击。这才是真正懂得用兵之道的人。

第三十一章

不祥之器

原文

夫兵者，不祥之器，物或恶之，故有道者不处。君子居则贵左，用兵则贵右。兵者不祥之器，非君子之器，不得已而用之，恬淡为上。胜而不美，而美之者，是乐杀人。夫乐杀人者，则不可得志于天下矣。吉事尚左，凶事尚右。偏将军居左，上将军居右，言以丧礼处之。杀人之众，以悲哀泣之，战胜以丧礼处之。

注释一

1. 兵者：兵器。

2. 物：指人。

3. 贵左：古人以左为阳，以右为阴。阳生而阴杀。尚左、尚右、居左、居右都是古人的礼仪。

4. 偏将军：将军的辅佐，偏将军官名始于春秋，在将军中的地位较低，多由校尉或裨将升迁，属第五品。

5. 上将军：行军作战时军中的主帅。属第二品。

6. 莅（lì）：指对待、参加。

英译

Weapons Are Threatening Tools

A weapon is a threatening tool,

and people hate it,

so people who follow the divine law do not use it.

A worthy man stands on the left side in peacetime,

but when he fights,

he prefers the right side.

Weapon, a threatening tool, is not used by a worthy man.

If you have to use it as a last resort,

you'd better take it calmly.

Don't be complacent even if you win.

If you think you are great,

it means you like killing.

Those who love killing cannot be successful.

The good things are on the left,

while the bad things are on the right.

A lieutenant general is on the left,

and a supreme general, on the right.

That is to say,

A funeral should be held after a battle.

Many people are killed in wars,

so we should take part in wars with sorrow.

If we win the battle,

we should also treat those who died in the battle with a funeral ceremony.

注释二

1.“不祥之器”的英译

　　三位译者的翻译大同小异，辜正坤译成“tools of ill omen（预兆）”；许渊冲译成“tools of evil omen”；Waley 译成“ill-omened things”；“兵器”是打仗时所用的武器，既是不祥的，但又会给人带来一种威慑感。“threaten”一词包含两个含义：1）威胁；2）预示，是…的征兆。因而，我们译成了“a threatening tool”，这样，两个意思都兼而有之，就更形象、更生动、更契合原文。

2.“不得已而用之”的英译

　　三位译者的理解一致，译文精彩纷呈。许渊冲译成“When they are compelled to use them, the less often, the better.”；辜正坤译成“Even if compelled to use them, the gentleman does not use them with pleasure.”；Arthur Waley 的译文是“When he has no choice but to use them, the best attitude is to retain tranquil and peaceful.”。在翻译“不得已”时，许渊冲和辜正坤都用了“compel(to force someone to do something)”，常带有不情愿的意味；Arthur Waley 则用了“have no choice but to do sth.”短语。另外，三位译者的译文句子结构也丰富多样，让人体会到语言的魅力。我们则译成“If you have to use it as a last resort, you'd better take it calmly.”，“不得已”译成了“as a last resort”，更形象、更生动。

3.“偏将军居左，上将军居右”的英译

　　尚左、尚右、居左、居右都是古人的礼仪。平时，左为上，所以“吉事尚左”；打仗时，右为上，上将军的官衔比偏将军的大，所以“上将军居右”。许渊冲译成“A lieutenant general keeps to the left, and a full general to the right as in the funeral service”；辜正坤译成“A lieutenant's position is on the left; a general's position is on the right"；Waley 译成 "The lieutenant general stands on the left, while the supreme general stands on the right, which is arranged on the rites of mourning."，三位译者的译句都稍长，我们直接译成 "A lieutenant general is on the left, and a full general on the right." 简单、明了，通俗易懂。

新说

非常巧合的是，这几天看到的新闻都与航母有关。一是美国的航母全部撤回本土，二是中国的唯一一艘航母在南海训练（2019 年才有了第二艘航母）。另一方面的消息说，美、俄最近竟然拿核武器说事，惹得大家猜疑不断。难道大战一触即发？

自 1949 年中华人民共和国成立，我国的老百姓过上了没有战争的日子。1979 年以来的改革开放政策，更使百姓享受一种从未有过的富足的生活。长时间的安逸生活，让我们觉得战争已经远去。国家的强大，让我们以为天底下没有谁会再来欺负我们。环顾四周，到处是一种歌舞升平、夜夜笙箫的景象。可是战争真的不会来吗？

首先问，为什么会有战争？战争的爆发，看似偶然，实则必然。个人以为，战争还是与人特别是决策者的贪婪本性直接相关，例子多不胜举。

其次，战争可以避免吗？答案当然是肯定的。一种情况是对手首先公开或私下认输投降并赔偿，另一种情况则是对手展示的战争手段（武器），让你不得不放弃发动战争的想法。

谁都知道，战争对谁都不好，主动挑起战争的一方，往往是因为确信己方能打赢，自己从战争中获得的利益高于投入。明知战争会输却还要打仗的人，十有九个是疯子，剩下的一个就是傻瓜。

兵者，理解成军人也好，解释成武器也好，对敌方国家而言就是不祥之器，但对自己的国家来说，它就是定海神针。很多时候，练兵不是为了打仗，而是为了不打仗。嗜血的军人肯定有，但有时候杀人是为了防止被杀，这有什么可以指责的吗？

　　毛泽东视《道德经》为一部兵书，主要是因为这本书从战略上分析了用兵之道。老子视武器为凶器，但也明白武器是必不可少的。有了武器才可以自卫，才可以避免本国百姓被杀。不能说，喜欢打仗的人不能得志于天下，还要看这场战争的缘由与结果。历史证明，得天下的人多数是靠战争才赢的，可能他本人不见得乐于杀人，但如果领袖过于仁慈，恐怕也难压得住阵势从而让手下服气啊！

第三十二章

适可而止

原文

道常无名，朴。虽小，天下莫能臣。侯王若能守之，万物将自宾。天地相合，以降甘露，民莫之令而自均。始制有名，名亦既有，夫亦将知止，知止可以不殆。譬道之在天下，犹川谷之于江海。

注释一

1. 臣：使之服从。

2. 宾：服从。

3. 自均：自然均匀。

4. 名：名分。即官职的等级名称。

英译

Enough Is Enough

The divine law is always nameless and simple.

Although it is too small to be seen,

no one in the world can make it obey.

If the rulers can govern the world

in accordance with the principle of the divine law,

all things will naturally submit to him.

The combination of Yin and Yang between heaven and earth

will bring down sweet dew,

and people will naturally get the average without orders.

To govern the world,

it is necessary to formulate various systems

and determine all kinds of titles.

Now that we have titles,

there must be some restrictions,

and that's a limit.

Knowing the limits,

one has no danger.

Just like the sea to which all rivers and streams flow,

the divine law prevails in the world,

so all things are subject to it.

注释二

1. "臣"、"宾"的英译

"臣"的意思是"使之服从";宾:"服从"。辜正坤分别译成了"be subject to"、"bring …under subjection";许渊冲译成"subdue(使服从)"、"be subject to";可以看出,两者翻译相近。对于"臣",Waley 忽略不译,将"宾"译成了"flock to do them homage(效忠)",单词有点生僻。我们经过权衡,则译成了"make it obey"、"submit(使服从)to"。

2. "天地相合，以降甘露"的英译

许渊冲译成"When heaven and earth mingle, sweet dew will fall"；辜正坤译成"When Yin and Yang between Heaven and Earth unite, sweet dew will fall"；Waley 译成"Heaven-and-earth would conspire to send Sweet Dew"；前面章节已论述过"天地"的有关翻译，在此不再赘述。一则，关于"相合"一词，三位译者分别译成了"mingle"（form a mixture with sth.）、"unite"(cause people or things to become one) 和"conspire"（make secret plans with others），总感觉用词不尽完美。我们认为只有天地的相融合（combine）才能带来甘露（sweet dew），也就是天地和谐，万物才能平安，百姓才能安居乐业，所以我们译成了"The combination of Yin and Yang between heaven and earth will bring down sweet dew"。

3. "名"的英译

本章中，"名"的意思是名分，也就是官职的等级名称。另三位译者都把"名"直译为"names"，总感觉词不达意。所以，我们用了"title"（word used to show a person's rank, occupation, etc）一词，吻合度较高。

新说

宇宙是如何产生的？前章已经有论述，本章针对"小"展开讨论。

老子说："道虽小，天下莫能臣"。那么"道"到底是个什么东西呢？总是用"恍惚"去解释，说服不了听众，还是结合现代科学去说明一下宇宙间最小的物质是什么。

1. 曾一度认为，我们肉眼能见到的沙粒是最小的物质。

2. 原子被认为是不可分割的。

3. 原子内部分为质子，中子和电子，这三种粒子被认为是最基本的粒子。

4. 发现质子和中子由三种夸克组成。

即使夸克和电子是不能再被分裂的，科学家们还是不能确定它们就是存在于世界最小的物质。

老子当年完全凭借自己超乎寻常的想象力为我们刻画了"道"的样子和作用。千万不要说老子的"道"是神秘的，老子的"有无"之论也是神秘的。与牛顿等最后推论到上帝创造物质世界的科学家相比，老子的主张更可信，更实事求是。一时得不到答案的东西不一定没有答案，留个活口总比没有活口高明。哲学才是超越科学的科学。用神去解释的科学还算是科学吗？

有些道理很朴素，但却十分实用。如果不按照这些规律做事，就会生出许多事端。天地和谐，万物才能平安。雨水足够浇灌大地，民众也就不会为此争得头破血流。百姓若能安居乐业，没有制度也能保持秩序井然。制度的最初出现应该是为了应对物质不足的情况，保证合理的分配。如果富者更富，贫者恒贫，那这种制度就需要调整，否则就会有危险。

第三十三章

知己者明

原文

知人者智，自知者明。胜人者有力，自胜者强。知足者富。强行者有志。不失其所者久。死而不亡者寿。

注释一

1. 知：了解、认识
2. 强：刚强、果决。
3. 强行：坚持不懈、持之以恒。

英译

It Needs Intelligence to Know Oneself

To understand and know others requires cleverness,

but to know and understand oneself needs intelligence.

One should be strong in order to defeat others,

but one should be powerful to restrain his weakness.

He who knows contentment is rich,

while he who persists in practice and makes great efforts is ambitious.

The one who does not lose his duty can live forever.

The one who died

can still be regarded truly long-lived

as long as his virtue exists.

注释二

1. "知人者智，自知者明"的英译

辜正坤译成 "He who knows others is wise; He who knows himself is clever"；Waley 译成 "To understand others is to have knowledge, to understand oneself is to be illumined."；许渊冲则用了转译法，译成 "It needs observation to know others, but reflection to know oneself." 我们的译文是 "To understand and know others requires cleverness, and to know and understand oneself requires intelligence."。关于"知"，我们整合了三位译者的翻译，译成 "to know and understand"；关于"智"，这里牵扯到对 clever、wise、intelligent 三个词内涵的准确把握。我们的理解是理解别人易，理解自己难，所以理解别人可以靠"小聪明"即老子的"智"，而理解自己必须靠"大智慧"即老子的"明"。clever 是常用词，"聪明，反应快"的意思；wise，强调的是经验、知识及良好的判断力；而 "intelligent" 强调有学识、理解力或推理能力并能运用智力，尤其是一个人的内察能力，故而我们用了 "intelligent" 的名词形式 "intelligence"。

2. "死而不亡者寿"的英译

四位译者对此句的理解一致，许渊冲的译文 "Staying where one should, one can endure long; unforgettable, one is immortal." 很有些"不忘初心"的意蕴；辜正坤的译文 "He whose Tao survives him is long-lived" 简短明了，一语道破"道"的威力：人虽死，道犹存。Waley 的译文 "When one dies one is not lost, there is no other longevity." 句子似乎不太对，可又无从考究，但基本可以看得出来他

是直译。我们译成了"The one who died can still be regarded truly long-lived as long as his virtue exists."，通俗易懂地揭示了"死而不亡"的真正内涵。

新说

既然是仁者见仁、智者见智，所以只要能自圆其说，任何观点都是正确的。比如说，我给本章拟定了一个题目：知己者明，主旨就是人贵有自知之明。接下来我要从教育的角度去谈谈我的认识。

做一名教师当然要了解学生，有关学生的基础水平、个性特征、学习态度、学习方法及其时间管理方式等都属于教师要知悉甚至掌握的信息。只有这样，才能更好地做到因材施教，有的放矢。

当一名好的教师还要把握自己的特点长处，尽力避免自己的短板，比如说年龄、口才、记忆力等。只有如此才能有效保证教学的有效。

每个人都想在比赛中赢得奖项，但挑战自己比战胜别人更难，因为每个人都有自己的弱点，而这种根深蒂固的弱点已经成了一种习惯，调整起来就难上加难。最近，学校组织青年教师教学大赛。有一位数学老师在模拟比赛时再次暴露了她固有的问题：讲课声调四平八稳，缺乏抑扬顿挫。内容、时间方面的问题好改，但声调这种与生俱来的习惯非下苦功不能改变。

有人不喜欢当老师，就是因为这个职业辛苦且待遇不理想，但一名只关注待遇的人是注定成不了一位好老师的。不能说教师就应该甘于清贫，而是说教师应该对工资收入感到知足。有人当了一辈子教师也不见得明白其中的道理。有人入行不久可能就驾轻就熟，有的人明知自己的弱点却固执地不加以调整，有的人却能抱定目标、坚持不懈。周围的同事中不乏例子。

教书是教师的本分。按照老子的说法，"不失其所者久"。只要我们能认真履行自己的职责，我们就一定能成为学生心目中的好老师。教育是一个传道、授业、解惑的职业，著书立说是天职。一名合格的教师应该能反思、总结并分享自己的经历、经验、思想甚至困惑。孔子做到了，许多人做到了。他们的人早已经随风而逝，但其思想精华却仍然在指引后来者，就像今天，我仍然在读《道德经》。

一般说来，获得有关别人的信息相对容易些，而得到别人对自己的准确、真实看法却很难。人对自己的认识往往是片面的、唯心的，所以能够准确地把控自己的确很了不起。

世上的财富多得很，但谁也不能指望全天下皆属一人所有。富与不富是一种相对的状态，虽然应当鼓励人们去创造财富，但放纵人们去索取财富就会导致天下大乱了。故，自足者富。

现在教师成了一个人人羡慕的职业，原因竟然是相对清闲。身在此山中，方知其中甘苦。无论做什么，人都有疲劳、厌倦的时候。有些人人羡慕的高官不也常常觉得心累吗？

第三十四章

道不自大

原文

大道泛兮，其可左右。万物恃之以生而不辞，功成而不有。衣养万物而不为主，可名于小；万物归焉而不为主，可名为大。以其终不自为大，故能成其大。

注释一

1. 泛：广泛。

2. 不辞：不说三道四，不推辞、不辞让。

3. 不有：不自以为有功。

4. 不为主：不自以为主宰。

英译

The Divine Law Never Claims to Be Great

The divine law is popular and can be found everywhere.

All things depend on it for a living,

and it does not refuse;

when work is done,

it does not possess fame.

It nurtures all things and does not take itself as Lord,

so it can be called Little;

all things are attached to it,

but it does not think of itself as a master,

so it can be called Great.

It is just because it does not think highly of itself

that it can become great.

注释二

1. "大道泛兮，其可左右"的英译

"大道泛兮"指的是"道"广泛流行；"其可左右"就是说，它随时随地就在我们的身边。对于此句的翻译，各位译者八仙过海，各显神通。Waley 把"道"比作"到处漂浮的船"，译成"Great Tao is like a boat that drifts; It can go this way; it can go that."；许渊冲也是用了比喻手法，比作"水溢到左右两边的小溪"，译成"The divine law is a stream overflowing left and right." 我们可以想象，水溢出小溪后会到处流，这就暗示着"道"无处不在。开始我们还认为许先生对"左右"的理解有误，仔细琢磨才体会到妙处。辜正坤的译文是"The great Tao is felt everywhere extending."，其把"左右"译成"in all directions"，符合原文而且便于理解。我们的译文更简单明了："The divine law is popular and can be found everywhere."

2. "大"和"小"的英译

三位译者都不约而同地把"大"译成"great"，但对于"小"，译法各异。Arthur Waley 译成了"lowly"。但"lowly"的解释为"of humble rank or condition"（地位低的；卑微的）。辜正坤译成"small"。许渊冲译成"little"。如我们所知，small 用来形容物体尺寸小，几乎不带感情色彩。little 是个"感情丰富"的词，带有喜欢、讨厌、怜惜等感情。所以，我们认为用"little"更合适。

新说

我试着从社会学的角度来探讨"大道何以成其大"。

在我心中，周恩来就是一位得道之人。其品行令众山仰止，其举止令万民膜拜，其为人让全国乃至全世界无不交口称赞。

在党需要他掌舵的时候，他不推辞。在遵义会议决定毛泽东领袖地位的时候，他没有阳奉阴违。他始终躲在毛泽东的伟大形象后，甘愿做一个小角色。在"文革"期间，他又保护了一大批党的干部。在新中国外交领域，他又做出了不可磨灭的贡献。不论将来谁来撰写中国历史，周恩来的事迹都值得大书特书。在中国人的心目中，他几乎与毛泽东并列伟大，甚至在某些方面更胜一筹。

接下来我再分析一下互联网。互联网这个发明是多么神奇。现在的互联网无孔不入，从天上到地下，从城市到农村，多少人靠它成才、发财，而它只是在默默奉献。它为全世界的人搭建了一个沟通交流的平台，而自己却躲在幕后，没有人会授予它任何荣誉称号，可现在有多少人离不开它。据此，说互联网多么伟大都不过分。当然，互联网的发明者更加伟大，大到我们根本不知道他是谁。

"道"之所以成"道"，是因为它不受别人的左右，不以谁的意志为转移。有人遵从规律成功了，便退守一方，从不居功自傲，而是保持默默无闻，从未见索取。正是因为他具备这种无私的精神，百姓却乐意供养他、崇拜他。

教师，辛勤的园丁，照亮了别人，功成而不居，亦属于有道之人。

第三十五章

大道无垠

原文

执大象，天下往。往而不害，安平泰。乐与饵，过客止。道之出口，淡乎其无味，视之不足见，听之不足闻，用之不足既。

注释一

1. 大象：大道之象。

2. 害：伤害。

3. 安：于是。

4. 泰：平和、安宁。

5. 乐与饵：音乐和美食。

6. 既：尽。

英译

The Divine Law Is Boundless

Whoever has mastered the great divine law,

people all over the world will come to him.

Longing for and turning to him without hurting each other,

everyone is thus safe, peaceful and calm.

Music and delicious food stop passers-by.

But if you put it in words,

the divine law is tasteless.

When you look at it, it's invisible,

while you listen to it, it's inaudible,

but its role is boundless.

注释二

1."执大象，天下往"的英译

许渊冲的译文是"Keeping the great image in mind, you may go everywhere."；辜正坤的译文是"He who holds the great image(Tao) attracts all the people to him."；Arthur Waley 的译文是"He who holding the Great Form goes about his work in the empire."。从译文上看，三位译者都把握了"大象"的内涵，是"大道之象"。许渊冲和辜正坤都译成"the great image（意象）"，辜正坤还特意用括号（Tao）来标注；Arthur Waley 译成了"the Great Form（形式）"，表面上看翻译欠妥，但他用了大写，表明是特指"道"。但对于"天下往"的理解就有歧义了。许渊冲理解成"往天下（you may go everywhere）"；Arthur Waley 则用了"go about(着手做)"，和老子的意思相差甚远; 辜正坤理解的是"天下人向往之"，翻译成"attract all the people to him"；我们则根据上下文把整句译成了"Whoever has mastered the great divine law, people all over the world will come to him."

2."乐与饵，过客止"的英译

许渊冲的译文是"Music and food may attract travelers."；辜正坤的译文是"Music and food can allure passersby to stop"；Arthur Waley 译成"Sound of music, smell of good dishes will make the passing stranger pause"。对"止"的翻译，许渊冲用了"attract(吸引)"一词，形象生动。辜正坤则用了一个不常用的词"allure(引诱)"；Arthur Waley 则用了"make…pause(stop)"。有意思的是，三位译者把"过客"分别译成"travelers"、"passersby"和"the passing stranger"。仔细推敲，我们认为"passersby"较为恰当。最后，我们译成"Music and delicious food stop passers-by."简单明了、通俗易懂。

3."用之不足既"的英译

此句中，"既"同"尽""不足既"是无穷无尽的意思。许渊冲的译文是"……and inexhaustible when used"；辜正坤的译文是"But when using it, you can never exhaust its use."；Arthur Waley 的译文是"Yet if one uses it, it is inexhaustible."。三位译者的翻译大同小异，分别用了"exhaust"、"inexhaustible"。我们则想到了"boundless"一词，其英文解释是"without limits; seeming to have no end"，不正是"大道无垠"吗？因而，我们把该句译成"but its role is boundless"。

新说

"道"已经多次被论及，但从来没有重复，而是层层深入，逐渐展开，使人深切感受到"道"的伟大力量。但"道"到底是什么？为什么总是搞不清楚呢？那是因为大家不知道"执大象"这个原则，忘记了它的用。

所谓"执大象"，就是把握事物的本质和规律。谁能做到这一点呢？要么是圣人，要么是君主，因为不论是谁掌握了大道，普天下的人便来投靠他。曹操为什么能留住人才而袁绍却不能？刘邦为什么能留住人才而项羽却不能？就是因为后者没有从实际出发规划自己的事业。毛泽东与蒋介石都是英明领袖，那蒋介石为什么会败走台湾呢？那是因为毛泽东得到了人民的拥护，率先举起了抗日的大旗，并且确实为中国的老百姓解决了土地问题、生存问题。为什么有如此多的将军甘心为毛泽东鞍前马后效劳？不就是因为毛泽东掌握了"马克思主义理论同中国实践相结合"这条大道吗？

马克思主义的理论刚开始并没有被多少人接受，甚至被认为是洪水猛兽，直到列宁用于苏俄革命实践。等传到中国被毛泽东、李大钊、陈独秀等一批智者接受，成了众多在迷茫中为中国寻找出路的有志青年的一盏指路明灯。实践证明，马克思主义、毛泽东思想、邓小平理论等就是世间大道。

谁掌握了话语权，谁就能具备先发制人的优势。然而，占据了道德的制高点，才能最终得到百姓的拥护。为百姓提供了富足的生活，才能受到民众的欢迎。说到根本，百姓的要求并不高，只要统治阶层能顺应大道，不一味压榨人民，百姓又怎么会揭竿而起呢？肯定是官逼民反，民不得不反啊！

我以为，一带一路、人类命运共同体、中国特色社会主义等国策实为当代"大象"。一旦成功，中华民族的复兴梦一定会实现。

第三十六章

以柔克刚

原文

> 将欲歙之，必故张之；将欲弱之，必故强之；将欲废之，必故兴之；将欲取之，必故与之。是谓微明。柔弱胜刚强。鱼不可脱于渊，国之利器不可以示人。

注释一

1. 歙（xī）：收敛。

2. 故：暂且、姑且。

3. 与：同"予"字，给的意思。

4. 微明：微妙的先兆。

5. 脱：离开、脱离。

6. 利器：指国家的刑法等政教制度。

英译

Conquer the Strong with the Weak

If you want to restrain it,

you must first expand it;

if you want to weaken it,

you must first strengthen it;

if you want to abandon it,

you must first flatter it;

if you want to take,

you must first give.

This is the subtle truth,

showing that weakness triumphs over strength.

Fish cannot survive without water.

The sharpest weapons of a state cannot be shown off.

注释二

1."微明"的英译

"微明"有以下解释：1）微弱的光亮；稍微明亮。2）知幽眇之理而收显著之效。很显然，第二种解释符合老子的原意。许渊冲直译成"the twilight（微光）before the day"，欠推敲；Arthur Waley 译成"dimming（使变模糊）one's light"更是和原文意思相差甚远；辜正坤译成"subtle（微妙的）wisdom"接近原文意思，但没有揭示出"理"。我们的用词"the subtle truth"，想必更靠近老子的"微明"吧？

2."国之利器不可以示人"的英译

许渊冲译成"The sharpest weapon of a state should not be shown to others."；辜正坤译成"The instruments（工具）of power of a state should not be shown to the public."；Arthur Waley 译成"Best to leave the State's sharpest weapons where none can see them."。老子的意思真的是"国家的利器不可以拿给人看"吗？当然，"示人"有二层意思：一是给人看，二是向人炫耀。我们认为老子的意思是侧重第二个意思，因而我们译成了"The sharpest weapons of a state cannot be shown off."。

新说

　　事物的发展总遵循这样一条规律："物壮则老，盛极而衰"。人生也不乏这样的范例：乐极生悲，否极泰来。如果有谁掌握了这条规律，就可以较小的代价赢取对手。

　　明明知道物壮则老，但还是扩张；明明知道盛极而衰，但还是加强。结果可能会适得其反。明明想消除异己，但表面上却抬举他；明明想得到某样东西，却装作不喜欢。这些做法就叫做欲擒故纵。

　　有人说老子这是教人阴招。但阴谋、阳谋，关键看主人，还要看因果。治国也好，人生也好，都要懂得这个道理。

　　比如说，今年生意特别好，赚了很多钱，可是这时候要特别小心啦，保不准有人就盯上了你的钱。罗马最鼎盛强大的时候，也就是罗马开始灭亡的时候。李自成进了北京，算是达到了事业的顶峰，没料到不久就踏上了逃亡之路。袁世凯的人生经历不也是个范例吗？

　　老子的本意是讲因果律，教我们不要忘了"道"这个"大象"。当你最得意的时候，就要注意失意的来临。按说一般的老百姓也能明白其中的道理，可是就是有一些有大智慧的人被利益贪欲蒙蔽了双眼，对眼前现象只看到好的一面，没有想到坏的一面。亚里士多德有句名言：放纵自己的欲望是最大的祸害。周永康、令计划、郭伯雄、徐才厚等，也不一定不明白因果律，但野心膨胀令其疯狂，落得个无期蹲监的下场。

　　老子的以柔克刚，是指在做人的道德行为上谦退礼让，也就是吃亏。明着吃亏，并不是笨，而是福。

　　老子说"鱼不可脱于渊，国之利器不可以示人"，是告诫我们做人处事需要谨慎小心，仔细想想，不难理解。

　　上帝想让谁灭亡，必先让他疯狂。此理适用于所有人。一时得势，不意味着永远得势；一计得逞，不意味着计计成功。一旦某人没有畏惧，就会我行我素，就会忘记"道"无时无刻如一把利剑悬在头上，就会失去自控，自然没有好的结局。

以退为进，以守为攻，以弱胜强，方显英雄本色。古今朝代更迭无不证明此道理。

至于国之利器是否能示人，也要与时俱进顺势而为，根据需要决定。此时此刻，我正看神舟十一号返回，是直播啊！不可以示人吗？是专门亮剑给人看啊！多么鼓舞士气啊！我自豪啊！

第三十七章

无为自正

原文

道常无为而无不为。侯王若能守之，万物将自化。化而欲作，吾将镇之以无名之朴。镇之以无名之朴，夫将不欲。不欲以静，天下将自正。

注释一

1. 自化：自我化育、自生自长。

2. 欲：指贪欲。

3. 正：稳定、安宁。

英译

Without Interference, the World Will Be Peaceful

The divine law always follows nature and does nothing,

but there is nothing it cannot do.

If a ruler can govern the people

in accordance with the principle of the divine law,

everything will be developed fully

by self-cultivation, self-reliance and self-destruction.

When greed arises from self-growth,

I will use the divine law to control it.

If you overcome it with the simplicity of the divine law,

there will be no greed.

If there is no greed in all things,

the world will naturally become stable and peaceful.

注释二

1. "万物将自化" 的英译

此句中，"自化"的意思是自我化育、自生自长。许渊冲简单译成"everything will be done by itself." 未能充分表达此意。Arthur Waley 译成 "The ten thousand creatures would at once be transformed(转变；改造)." 也未能点出"自化"的精髓所在。辜正坤译成 "All creatures will grow and develop naturally" 符合原意，很不错。我们则译成了"Everything will be developed fully by self-cultivation（自我教化），self-reliance（自力更生）and self-destruction(自我毁灭)." 以求更完整表达"自化"之意。

2. "镇" 的英译

"镇"的意思之一是"以武力维持安定，如镇压、镇服"。但"镇"在本文中的意思不是用"武力"而是用"无名之朴"（道）来压服。该字对应的英文，辜正坤译成"suppress（镇压）"，其英文解释是"to stop people from opposing the government, especially by using force"，Arthur Waley 用的 "restrain" 的解释是"to stop someone from doing something, often by using physical force"。许渊冲译成"control（控制）"，其英文解释为"make somebody/something do what you want"。这不正是老子所向往的吗? 所以我们也用了"control"一词; 更为美妙的是，第二次提到该词时，我们更换成"overcome"，是不是锦上添花，

更好地阐释了"镇之以无名之朴，夫将不欲"？

3. "正"的英译

"正"在这里的意思是"稳定、安宁"。许渊冲和辜正坤分别译成"peaceful"、"at peace"，侧重的是"平静、安静"。Arthur Waley 用的"at rest"的意思是"静止"，有点差强人意。我们则译成"stable（稳定的）and peaceful"，兼顾了"安宁、稳定"。

新说

哪个人无欲望？只要是人，渴要饮，饥要食，繁衍需要性。但是物极必反。过度的欲望会使人失去理智而妄为，偏离正途。老子叫人保持恬淡虚静的心境，就是不要使人走向罪恶的泥潭。

老子说："不欲以静，天下将自正"。这就告诫为官者：当官的克制了私欲，社会自然就会风气良好。

老子说"侯王若能守之万物将自化"，再次强调了领导者守"道"的重要性。"王侯守道，助万物功成事遂而弗居、弗有，且不大、不奢、不甚"，在这样的领导人领导下，百姓就会无忧无虑乐享人生，回复至自然淳朴的天性。

虚静、恬淡、无为是道德修养的最高境界。无欲则心静，心静便能无为，无为能使人各尽其责。无为也就从容自得，从容自得的人，便不会有忧愁与祸患，年寿也就长久了。

本章是道经的总结。首先老子强调了道的客观存在，接着老子指出了领导者守道的重要性，然后老子指出了道的作用之所在，最后老子指出了领导者守道的作用。这四句话可以浓缩为一句：顺道是治国根本，无为则天下自正。

如今的社会，这些思想也潜移默化渗入到生活的各个方面。国家制定法律体现法家思想，儒家的民本思想以德治国，使得法律的制定与实施更加人性化。而可持续发展、人与自然和谐共处，体现的就是老子的思想。

　　道家提倡顺应自然而不是改造自然，这与西方文化的主旨截然不同。正是"无为"之理念形成了东方文化的内核，"有""无"既对立又统一的主张奠定了东方哲学的基础。

　　然而，"无为而治"实行起来却十分不易。因为百姓非圣人，统治者亦非圣人，并非总能创造和谐的环境，而且不能保证人人平等、人人有足够食物和用品，故而纷争难免。这时候，无为而治的主张就显得苍白无力。加上人性日趋贪婪，想消除人的欲望，一味强调以静求自正只能是幻想。

第三十八章

上德不德

原文

上德不德，是以有德；下德不失德，是以无德。上德无为而无以为；下德无为而有以为。上仁为之而无以为；上义为之而有以为。上礼为之而莫之应，则攘臂而扔之。故失道而后德，失德而后仁，失仁而后义，失义而后礼。夫礼者，忠信之薄，而乱之首。前识者，道之华，而愚之始。是以大丈夫处其厚，不居其薄；处其实，不居其华。故去彼取此。

注释一

1. 不德：不表现为形式上的"德"。

2. 不失德：形式上不离开德。

3. 无德：无法体现真正的德。

4. 无以为：无心作为。

5. 攘臂而扔之：攘臂，伸出手臂；扔，意为强力牵引。

6. 薄：不足、衰薄。

7. 首：开始、开端。

8. 前识者：先知先觉者、有先见之明者。

9. 华：虚华。

10. 处其厚：立身敦厚、朴实。

英译

A Man Claiming to Be Virtuous Has No Virtue

People with high virtue do not show external virtue,

so they do have virtue;

While people with low virtue show that they have not lost their external virtue,

so they actually have no virtue.

A man of high virtue does nothing intentionally,

so he does everything;

While a man of low virtue has the intention to do something,

so he does nothing.

The benevolent man does something unintentionally,

and the righteous man does it intentionally.

The courteous man does something intentionally

but cannot receive a response,

so he raises his arm to tempt others.

Therefore, virtue comes after the loss of the divine law,

benevolence comes after the loss of virtue;

righteousness comes after the loss of benevolence;

courtesy comes after the loss of righteousness.

Courtesy is not only the result of the loss of loyalty and faith

but also the beginning of disorder.

The so-called foresight is nothing but the vanity of the divine law,

from which ignorance begins to emerge.

Therefore, the great man is honest rather than hypocritical and cunning;

simple rather than vain.

Thus, we should abandon vanity and adopt simplicity.

注释二

1. "上德"和"下德"的英译

在老子看来，道与德是不可分割的统一整体，德是道在人类社会里的具体体现。德可以分为上德和下德，只有上德才合乎道的精神。如何翻译"上德"和"下德"才能契合老子的精神呢？Arthur Waley 译成"highest power"和"inferior（下等的）power"，看不到"德"的影子，这也许和中西方文化差异有关吧。许渊冲译成"high virtue"和"low virtue"；辜正坤译成"great virtue"和"small virtue"。两位译者都用了"virtue（德行）"，只是"上""下"的翻译不同，但都可以接受。在我们看来，"high""low"比较形象生动，所以，我们就采用了许渊冲的译法："high virtue"和"low virtue"。

2. "仁""义""礼"和"信"的英译

这一章老子提出了人类的精神从德到仁、仁到义，再到礼，是一个退化的过程。"仁""义""礼"和"信"是"德"的不同层次的表现。各位译者的理解一致，但翻译有所不同。Arthur Waley: human kindness（仁）、morality（义）、ritual（礼）、loyalty and promise-keeping（信）。许渊冲：humanism（仁）、justice（义）、formalism（礼）、loyalty and faith（信）。辜正坤：benevolence（仁）、justice（义）、rite（礼）、loyalty and good faith（信）。可以看出，对于"礼"的翻译，三位译者分别用了不同的三个词：ritual（仪式）、formalism（虚礼）、rite（仪式）。虽用词不同，但都能符合原意。我们则译成：benevolence（仁）、righteousness（义）、courtesy（礼）、loyalty and faith（信）。

3. "是以大丈夫处其厚，不居其薄；处其实，不居其华"的英译

看到辜正坤的译文"Hence the true man sets store by the thick rather than by the thin, and value the fruit rather than the flower." 和 Arthur Waley 的译文

"Therefore the full-grown man takes his stand upon the solid substance and not upon the mere husk(外壳), upon the fruit and not upon the flower", 我们不禁失笑, 因为两位译者的译法有点直, 怕老子也会笑醒的。许渊冲则直译和意译相结合, 译成 "Therefore a true great man prefers the thick to the thin, the substantial to the superfluous."。我们意译成 "Therefore, the great man is honest rather than hypocritical and cunning; simple rather than vain", 应该更加贴合老子的原意吧。此外, 对于"大丈夫"的翻译, 四位译者分别译成了 "true man" "full-grown man" "true great man" "great man", 也挺有意思的。

新说

"道", 是自然规律和法则, 是指这个世界还没有人的时候就存在的自然界或称宇宙的规律和法则。"德", 是人活了很长时间以后才进化出来的人类行为规范。换句话说, "德"是人类顺应自然、社会和人类客观规律去做事并从中获得的收益。

老子、孔子都宣传道德, 不过, 两位道德家是有一定区别或者差距的。老子宣讲的是圣人之道德, 孔子宣扬的是君子之道德。圣人道德比君子道德更高尚。就如老子是以德报怨, 而孔子是以直报怨。有人打了老子, 老子只会呵呵一笑; 若打了孔子, 孔子则要抓其见官了。老子把人民看作自己的小孩子; 孔子就麻烦了, 见到老的要尊重, 见到小的要劝勉, 见到女的要避嫌, 见什么人都要按照礼的要求区别对待。老子无为, 不主动干什么; 孔子有为, 想为百姓幸福贡献自己的力量。

本章中, 老子的观点显然是有所指的。我分析就是针对儒家的仁、义、礼。

道家是要人去掉人为的、虚伪的东西, 恢复人的淳朴本性; 而儒家的仁义观是一种积极干预的道德体系, 就是说, 儒家是要把自己的一套强加给别人。

老子强调的是无为而治, 让人们发自内心地遵守一些道德和准则, 做到自然而然; 孔子强调的是制定一些规则和秩序, 强制人去遵守, 时间长了养成一种习惯。

孔子注重教育，老子注重领悟。

老子的方法适合于智者，聪明的人才领悟大道，顺应自然去做一些事情；孔子的方法适合大众，人人都可以被强制遵守。

老子说的是哲学问题。原始社会和小国寡民不需要礼。有礼，说明社会开始分层了。有了利益之争，自然乱就来了。老子崇尚清静，喜欢小国寡民，自然会警惕礼的出现，因为礼预示着乱起。当道德约束力不足的时候，仁、义、礼开始发挥作用。孔子讲的是社会学问题。社会一旦形成，利益纷争不可避免，而礼是减少纷争的方法。礼的崩坏意味着没有了调和矛盾的规则和方法，乱象就不可避免。

受"文革"期间批判孔子"克己复礼"的影响，一直以为"礼"就是一种很高的境界，没想到老子竟然以"乱之首"为其定义。而仔细看看，其言也不无道理。

治理国家的最高境界是"不管"而国家仍然正常运行，恰如一个人是否具备领导才能最好是看其不在任时单位能否顺利运营。此时，我想到了华为的任正非和格力的董明珠。两个人的领导风格各异，但前者显得更胜一筹。

西方的统治策略也看重"礼"（＝制度）。从这个意义上讲，"礼"是"德"的最终表现形式。在人性还没有尽善尽美达到"德"规定的标准前，用"礼"来束缚一下也许是无奈之举。

苏格拉底，这位雅典最早的哲学家，全力以赴的正是对他的同胞进行道德教育这件事。

当时的雅典人已经变得消极、懒散、饶舌和贪婪。他们实际上缺少一样东西，这就是人们没有受到任何道德教育。苏格拉底对于民主政治有一种与民主政府完全不同的补救方法——这就是让政治领袖领导有方，同时对人民进行道德教育。

关于"德"，亚里士多德这样说：德可以分为两种。一种是智慧的德，另一种是行为的德。前者是从学习中得来的，后者是从实践中得来的。

第三十九章

下为高基

原文

昔之得一者，天得一以清；地得一以宁；神得一以灵；谷得一以盈，万物得一以生；侯王得一以为天一正。其致之也，谓天无以清，将恐裂；地无以宁，将恐废；神无以灵，将恐歇；谷无以盈，将恐竭；万物无以生，将恐灭；侯王无以正，将恐蹶。故贵以贱为本，高以下为基。是以侯王自称孤、寡、不谷。此非以贱为本邪？非乎？故至誉无誉。是故不欲琭琭如玉，珞珞如石。

注释一

1. 以：因此。

2. 正：首领。

3. 其致之也：推而言之。

4. 谓：假如说。

5. 歇：消失、绝灭、停止。

6. 竭：干涸、枯竭。

7. 蹶：跌倒、失败、挫折。

8. 孤、寡、不谷：古时候君主用以自称的谦词。

9. 琭（lù）：指（玉）有光泽的样子

10. 珞（luò）：形容石头坚硬。

英译

The High Is Based on the Low

Some creatures used to get the divine law:

heaven has got the divine law,

so it's clear;

earth has got the divine law,

so it's quiet;

God has got the divine law and it works;

the valley has got the divine law and it is full;

all things have got the divine law and they grow;

the ruler has got the divine law and he becomes the leader of the world.

In other words,

if heaven is not clear, it will break apart;

if earth is not tranquil, it will be destroyed;

if people cannot maintain their spirituality, they will be wiped out;

if the valleys cannot keep running water, they will dry up;

if all things cannot keep growing, they will perish;

if the ruler cannot maintain his position as the leader of the world,

he will probably be overthrown.

Therefore, the noble depends on the humble,

and the high is based on the low,

so the rulers call themselves "the sole", "the few" and "the barren".

They regard the humble as their base, don't they?

So the highest honor has no need for praise.

I do not want my reputation to be as beautiful as a glittering jade,

nor as humble as a stone.

注释二

1."孤、寡、不谷"的英译

"孤""寡""不谷"是先秦君王的自谦之词，含义十分接近。"孤"的本意是"失去父亲的孤儿"。君王自称为"孤"，即意味着自己是失去父亲，无人庇护的孤儿。"寡"也有类似的含义。"不谷"即为"无人养育的孩子"。为何无人养育？自然是因为失去了父母。四位译者的理解基本一致，但表达各不相同。辜正坤译成"the solitary（孤独的）""the few""the unkind"；许渊冲则把这三个词合译成"sole(唯一的)and unworthy"；Arthur Waley 译成"the Orphan""the Needy""the Ill-provided"；我们译成了"the sole""the few""the barren"。自汉代以来，学者们多从伦理角度解释这三个谦称，以为"孤""寡"都是"少"的意思，意味着君王"少德"，又以"谷"为"善"，以"不谷"为"不善"。这可以从各位译者的译词中窥见一斑。

2."故至誉无誉"的英译

此句的意思是"所以，最高的荣誉是无须去夸赞称誉的"。许渊冲译成"Therefore, too much honor amounts to(相当于) no honor."；辜正坤译成"Hence the highest honor does not need honoring."；两者的意思基本和此句相吻合。只是 Arthur Waley 译成"True indeed are the sayings: Enumerate the parts of a carriage, and you still have not explained what a carriage is", 令人费解，不得其意。我们译成 "So the highest honor has no need for praise.", 通俗易懂。

3."不欲琭琭如玉，珞珞如石"的英译

对于此句的含义，各位译者存在不同的理解。Arthur Waley 译成"They did not want themselves to tinkle like jade-bells(玉铃), while others resounded like stone chimes（石钟）"，看来对"琭琭如玉，珞珞如石"的理解有偏差。辜正坤译成"It is better, therefore, to be a hard stone than a beautiful piece of jade",

其意应该是"不应追求美玉般的尊贵华丽,而应像石头那样朴质坚忍、不张扬"。许渊冲译成 "We should have no desire for glittering jade nor for tinkling stone.",把"欲"翻译为"desire"。我们赞同许渊冲的翻译,但我们把此句理解为"既不愿意自己的声誉美好得像宝玉,也不愿意声誉鄙陋得像顽石",所以,我们译成了"I do not want my reputation to be as beautiful as a glittering jade, nor as humble as a stone"。

新说

据四十二章,"一"是道之子。道和"一"相比较,道是本;"一"和二相比较,"一"是本。老子担心,天地乃至万物离开"一"就离开了根本。"一"是万物之主,万物因得到"一"才能成为物。在《道德经》里,老子经常以"一"来代称道。如二十二章,"圣人抱一为天下式"。事实上,老子认为宇宙的本源只有一个,宇宙的总规律也只有一个,因而它突出"一"。

"孤、寡、不谷"三个字的含义,对应不同年龄段。即少时无长曰"孤",壮时无伴曰"寡",老时无养曰"不谷"。侯王社会地位境遇的高贵和普通人害怕的"孤、寡、不谷"的生存状况是相反的两个极端,所以侯王自称"孤寡不谷",就是要"示贱"。就是要提醒自己"知白守黑""知雄守雌""抱一为天下式",别自以为是。如果能够归一,自然得道而长存,但是如何归一?至少要懂得损益之道。"故物或损之而益,或益之而损",侯王之所以自称"孤、寡、不谷",就是在遵循自损而益的归一原理。

自谦即为有德,自贱以贵,自卑以高,这是我们的一个文化传统,所以直到现在,中国人的自我称呼里仍然保留了许多自卑自贱的自谦之词,例如"鄙人""在下"等等。

本章有一句特别深刻的话是"至誉无誉"。这让我想起,建国之初我们国家搞军衔制时,很多人确实出于诚意极力主张为毛泽东授予"大元帅"军衔,但毛泽东坚决推辞了。周恩来、刘少奇、邓小平、陈云等对中国革命功高卓著的一批人，也都没有要任何军衔。更让人钦佩的是，周恩来、邓小平等在去世前都叮嘱在逝后把自己的骨灰撒向江海，不在大地上留下任何痕迹。这些伟人可谓是老子说的有道之人，他们真正体悟了什么是"至誉无誉"。

接着，我想到了勃列日涅夫身上的勋章，据说是他自己给自己颁发的奖章。下至平头百姓，上至一国之君，都希望得到别人的承认甚至赞美。有很多人为脸面活着，为名誉而奋斗，真的是忘记了一个真理：水至清则无鱼，誉至多则无誉。

第四十章

有生于无

原文

> 反者道之动；弱者道之用。天下万物生于有，有生于无。

注释一

1. 反：同"返"，循环往复。

2. 动：名词，运动。

3. 用：名词，作用。

英译

The Form Comes from the Formless

The cyclic change is the movement of the divine law,

and the divine law is subtle and weak.

All things in the world come into being with a visible form,

and the form comes from the formless.

注释二

1. "反"的英译

对于"反"，三位译者的理解不同。许渊冲理解为"相反"，译为"opposite ways"；Arthur Waley 理解为"返"，译为"returning"；但没有真正理解老子的本意，辜正坤译成"cycling（循环往复）"更接近老子的本意。本章中，老子认为"循环往复的变化，是道的运动"。因而，我们把"反"译成了"the cyclic change"。

2. "天下万物生于有，有生于无"的英译

四位译者的理解一致。许渊冲译成"All things in the world come into being with a form; the form comes from the formless."；辜正坤译成"All things of the world are born from Existence(Being), and being from Nothingness."；Arthur Waley 译成"For though all creatures under heaven are the products of Being, Being itself is the product of Not-being."。本书最初曾困于"无"和"有"的用词，在是否使用 Not-being 和 Being 上纠结，但考虑到英语中先有 Being 后有 Not-being，Being itself is the product of Not-being 不大符合逻辑，所以使用了 the formless 和 a visible form 来对应"无"与"有"，译成了"All things in the world come into being with a visible form, and the form comes from the formless."。关于"天下"、"万物"的英译，前面章节已有所解释，不再赘述。

新说

"反者，道之动；弱者道之用"。从字面上理解，这句话的意思是"道是运动的，运动规则是正反两个方面循环往复。道一般示弱，但遇弱则弱，遇强则强"。

这个理论对中华民族影响很大，对其克服所遭遇的许多困难贡献很大。由

于相信这个理论，中国人即使在繁荣昌盛时也保持谨慎，在极其危险的时候也满怀希望。这种希望表现在这一句话里："黎明即将到来"。在西方，柏拉图也说过类似的话：如果你曾歌颂黎明，那么也请你拥抱黑夜。

这个理论还为中庸之道提供了主要论据。儒家赞成中庸之道，道家也一样赞成。"毋太过"历来是两家的格言。按照两家所说，不及比太过好，不做比做得过多好。因为太过和做得过多，就有适得其反的危险。

柔弱是"道"的最大作用。一般人都认为，强大才是有用的，但其实柔弱才能发挥最大的作用，因为柔弱能胜刚强，这一点在《道德经》的很多篇章都作了论述，典型的例子就是婴儿和水。我们成年人要向婴儿学习，向水学习。木秀于林，风必摧之。枪打出头鸟。不要时时处处都争强好胜，不要锋芒毕露。柔弱、谦虚、忍让才是做人的法宝，才是取得成功的"大用"。

天道有一个特点："不言"。天道广大无边，囊括一切，但它"不言"，不需争斗，不管亲疏，大公无私。对于人道，老子提出了"无为"。"无为"不是什么都不做，而是不强制去做。老子强调，要用天道和人道的统一关系来梳理自己的精神。在追求真理的时候，要一心扑在真理上，不计名利。老子追求的境界，就是天道和人道的统一。说白了，道家的天道，就是指大自然的规律。所谓"地法天，天法道，道法自然"。自然的规律就是，自然而然，没有人为的干预。比如，四季的自然运行，地球天体的运转，生命的生老病死等都是自然（天道）运行的结果，没人能违背。

如果能切实明白"有生于无"这个道理，可以减少许多莫名的烦恼。很多东西是有得有失，得到了就失去了，失去了反而得到了。事情往往是这样：上帝关了一扇门，又为你开了一扇窗。

第四十一章

大象无形

原文

上士闻道，勤而行之；中士闻道，若存若亡；下士闻道，大笑之。不笑不足以为道。故建言有之：明道若昧；进道若退；夷道若纇；上德若谷；广德若不足；建德若偷；质真若渝；大白若辱；大方无隅；大器晚成；大音希声；大象无形；道隐无名。夫唯道，善贷且成。

注释一

1. 亡：同"无"，没有。

2. 建言：立言。

3. 纇（lèi）：崎岖不平、坎坷曲折。

4. 辱：污垢。

5. 建：同"健"，刚健。

6. 偷：懒惰、懈怠。

7. 渝：变污。

8. 隅（yú）：角落、墙角。

9. 贷：施与、给予。引申为帮助、辅助之意。

英译

A Great Image Is Formless

Having heard of the divine law,

a good scholar tries to put it into practice,

a common scholar doubts it,

but a poor scholar laughs at it.

If not laughed at, it cannot be called the divine law.

Therefore, a wise man in ancient times said as follows,

the way to light seems dark;

the way forward seems to be backward;

the smooth way seems rough;

the high virtue is like a canyon;

the vast virtue seems insufficient;

the vigorous virtue seems weak;

the pure and simple virtue seems raw.

The whitest things contain dirt;

the squarest things have neither edges nor corners;

the largest objects take the longest time to finish;

the loudest sound, however, sounds silent;

the greatest image, instead, has no shape.

In short, the divine law is invisible and nameless.

Only the divine law can make everything good

from the beginning to the end.

注释二

1. "上士" "中士" 和 "下士" 的英译

在古代，读书人统称为"士"。老子把"士"分成三等：上士、中士和下士。"上士"是指具有上等智慧、悟性很高的读书人；"中士"是比较有悟性，但智慧不太高的读书人；"下士"是没有悟性、蠢笨的读书人。Arthur Waley 译成 "the man of highest capacities" "the man of middling capacity" "the man of low capacity" 也基本体现 "上士" "中士" 和 "下士" 的原意，但给人有点弯弯绕的感觉。辜正坤译成 "the best scholar" "the average scholar" "the worst scholar"；许渊冲译成 "a good scholar" "a common scholar" "a poor scholar"。二位译者都把"士"译成 "scholar（学者）"，只是"上""中""下"的翻译不同，倒也基本符合原意。我们的译文与许渊冲的相同，简单、明了。

2. "广德若不足；建德若偷" 的英译

对此句，许渊冲译成了 "Infinite（无限的）virtue seems insufficient, established virtue seems borrowed"；辜正坤译成了 "The infinite virtue seems lacking, the virile virtue seems idle"；Arthur Waley 译成了 The "power" that is most sufficing(being enough) looks inadequate, the "power" that stands firmest looks flimsy"；本书的译文是：the vast virtue seems insufficient; the vigorous virtue seems weak。

首先，对于"广德"的翻译，各位意见一致；但对"建"的意思，许渊冲和其他译者的理解不太一致，用了 "established（确立的）"；其他译者理解为"刚健的"，分别用了 "virile（having or showing typically masculine strength or energy 具有或显示刚强气概的）" "firmest（steady and strong）" "vigorous（strong and healthy）"，各有妙处。其次，对于"偷"的理解，各位译者又有不同。许渊冲译成 "borrowed(借来的)"，可能是"偷"的委婉语吧；辜正坤译成了"idle（lazy; not working hard）"；Arthur Waley 译成了"flimsy(weak or feeble)"。我们则直接译成了"weak"，取"偷"之"怠惰"之意，以更好地对应"vigorous"。

3."夫唯道，善贷且成"的英译

此句为全章的总结，其意是"只有道善于辅助万物、成就万物。"辜正坤译成"But it is Tao alone that helps and completes everything."；Arthur Waley 译成"Yet Tao alone supports all things and brings them to fulfillment."。两者的译文十分契合原意。许渊冲译成"Only the divine law is good from the beginning to the end."，一开始，我们总觉得不尽完美，后又上网查阅得知：帛书甲本此处缺损，乙本为"夫唯道，善始且善成"，这就不难理解许渊冲的译文了。最后，我们译成了"Only the divine law can make everything good from the beginning to the end."。

新说

《道德经》中的"上士"即高明的人，"中士"即平庸的人，"下士"即浅薄的人。上、中、下不是就政治上的等级制度而言，而是就其思想认识水平的高低而言。"道"的本质隐藏在现象后面，浅薄之士是无法看到的，所以不被嘲笑就不能被称为"道"。

很多时候，我不能理解网上一些人对国家政策的极端言论，甚至不知道他们的反对意见为什么如此激烈。读罢这一章，我似乎明白了一点。在大道面前，我自己有时做上士，经常做中士，偶尔做下士。仔细想来，若上士为主流，这个社会才能进步；中士在摇摆之余若能跟得上上士，才能发挥其正面作用；但不论在哪个朝代，下士常常不在少数。下士闻道，大笑之，那是因为下士根本不能理解大道啊！因此，正面宣传是十分必要的！

说到"下士"，我想到了愤青。愤青，是"愤怒青年"的简称。"愤青"

之名的由来，至今众说纷纭。有的说，中国"愤青"是源于 20 世纪七十年代的香港左翼工人运动；有的认为起自清末资产阶级民主革命。这些说法皆难以考证。不过，英文"Angry Young Man"这个专有词组，早在 20 世纪五十年代的英国就已经出现，指的是一班思想激进的作家，其较著名的作品有 John Osbourne 1965 年的剧作《愤怒的回顾》(Look Back in Anger)。

愤青最初只是在网络的 BBS 上表达着各种不满意见的少数人群，因为网络的虚拟化和不确定化，决定了最初的愤青仅是一些发表激进文字的用户。而随着中国大陆的互联网迅速发展，人群的扩大，这一部分具有极端思维的人更容易吸引媒体和民众的目光，而其队伍逐渐壮大，思想日益复杂，并且有网络虚拟个体与现实实在个体关联的扩大化趋势。现在的愤青，已经不局限于网络之中，更多的人走向街头，表达自己的主张和情绪。

为了帮助大家理解，接下来举例说明"明道若昧；进道若退；夷道若纇；上德若谷；广德若不足；建德若偷；质真若渝；大白若辱；大方无隅；大器晚成；大音希声；大象无形"的含义。

明道若昧：因为不大计较得失，所以揣着明白装糊涂；

进道若退：有机会提拔做官但谦让，反而给上层以好感从而得到更好机会；

夷道若纇，上德若谷：毛泽东创建中华人民共和国，历经千难万险，而且当时的中国百废待兴；

广德若不足：在毛泽东时代，人们生活好像很缺乏物资，但大家都不担心自己的生活；

建德若偷：琴棋书画、德性教育等需要逐渐教育积累起来，不能一蹴而就；

质真若渝：纯净水变蓝、猫眼石变色；

大白若辱：光线很白，但不同的角度或不同的物体上就有不同的色谱；

大方无隅：如天安门、故宫；

大器晚成：如青铜鼎、姜子牙；

大音希声：如地震的声音；

大象无形：如大地、人类命运共同体、一带一路。

第四十二章

物损而益

原文

道生一，一生二，二生三，三生万物。万物负阴而抱阳，冲气以为和。人之所恶，唯孤、寡、不谷，而王公以为称。故物或损之而益，或益之而损。人之所教，我亦教之。强梁者不得其死，吾将以为教父。

注释一

1. 一：是老子用以代替"道"这一概念的数字表示，即道是绝对无偶的。

2. 二：指阴气、阳气。"道"的本身包含着对立的两方面。阴阳二气所含育的统一体即是"道"。因此，对立着的双方都包含在"一"中。

3. 三：即是由两个对立的方面相互矛盾冲突所产生的第三者，进而生成万物。

4. 冲气以为和：冲，冲突、交融。此句意为阴阳二气互相冲突交和而成为均匀和谐状态，从而形成新的统一体。

5. 教父：父，有的学者解释为"始"，有的解释为"本"，有的解释为"规矩"。有根本和指导思想的意思。

英译

Things May Gain When They Seem to Lose

The divine law,

the only origin of the world,

contains both Yin and Yang.

They co-exist to achieve a harmony,

in which all things come into being.

All things turn from Yin to Yang

and gain a new harmonious body by mixing Yin and Yang

What people hate most is "the sole", "the few" and "the barren",

but the rulers use these words to call themselves.

Therefore, for everything,

when it seems to lose, it may increase;

when it seems to increase, it may lose.

Other people teach me like this,

and I teach others in the same way.

There is no burial place for a cruel man,

which I take as a lesson.

注释二

1. "道生一，一生二，二生三，三生万物"的英译

从道家的思想上讲，"一"为虚无之气，"二"为阴阳。一、二合而为"三"而生出了"万物"。许渊冲直译成"One is the child of the divine law. After one come two, after two come three, after three come all things."，似乎没有点出老子真正要表达的意思；Arthur Waley 译成"Tao gave birth to the One; the One gave birth successively to two things, three things, up to ten thousand.", 倒也中规中矩, 但对"二""三"的理解欠妥, 译成了事物的具体数量"two things""three things"。辜正坤用了增译法, 译成"Tao begets（产生）the One; the One consists of Two in opposition(the Yin and Yang); The Two begets the Three; the Three begets all things of the world", 较好地阐释了老子的"宇宙生成论"。我们使用了意译法, 译成"The divine law, the only origin of the world, contains both Yin and Yang. They co-exist to achieve a harmony, in which all things come into being.", 用 only 对应"一", 用 Yin、Yang 对应"二", 用 harmony 对应第"三"者, 以求读者更准确地理解老子的本意。

2. "强梁者不得其死——吾将以为教父"的英译

"强梁者不得其死"是指"强横逞凶的人不得好死"; "吾将以为教父"的意思是"我把这句话当作施教的宗旨"。很显然, Arthur Waley 的译文"Show me a man of violence that came to a good end, and I will take him for my teacher."与原意有出入, 但反过来看似乎也有点道理。辜正坤的译文是"'The violent will not come to a good end.' This I will take as the first lesson when I teach.";许渊冲译成"The brute（残暴的人）will die a brutal（残忍的）death. I will teach this as a lesson."。两位译者理解准确, 用 this 代指前面内容。前半部分, 我们译成"There is no burial place for a cruel man（残忍的人死无葬身之地）", 后半部分, 我们译成了一个非限制性定语从句"which I take as a lesson", "which"代指主句整句话的内容, 这样更便于理解。

新说

如果把道经第一章排在记忆中的第一位, 德经四十二章在我印象中则是最深的, 而唯一的原因却是我开始根本不理解作者的意思。

按照现在的逻辑, 一是一, 二是二。这是凡人的境界。圣人眼里的世界是一个整体，且阴阳相对。一不是一，二不是二。我只是在读武侠小说听高手讲解武功时曾经有过这种意识，可也是感到莫名其妙不得要领。现在明白，大师其实在阐述世间"大道"。

也曾经不明白皇帝为什么自称"孤""寡人""不谷"，现在方知其中暗含阴阳与损益之道。

"强梁者不得其死"，让我想到了"枪打出头鸟"，里面也有阴阳之理。喜欢自我炫耀的人必然会招致别人的反感。中庸之道才能保全自身。

相传天地形成之前，宇宙一片混沌。盘古开天辟地，将混沌一分为二，天为阳，地为阴，由此有了阴阳的概念。后来古人根据生产、生活实践和对自然现象长期观察的事实，逐步把太阳、男性、力量、光亮、热等带有向上的、运动的、积极的、肯定的、善意的、热情的属性归为阳，把月亮、女性、软弱、黑暗、冷等带有下沉的、静止的、消极的、否定的、恶意的、冷淡的属性归为阴，并由此总结出一套阴阳相互作用的学说以解析说明世上万事万物的产生和发展。把它应用到自然界、人类及生老病死就有了后来的阴阳五行学说、阴阳八卦学说和古老的中医理论。

在老子的法眼中，道是先天地而生的，是天地的创造者。道虽然看起来很恍惚，但在恍惚之中有图像，有物体，有精神，有灵性。有了这个道，宇宙的秩序就建立了，这个秩序就是统领宇宙万物的"一"。有了这个"一"，代表天地、父母、阴阳等相互对立统一的二就诞生了。有了天地、父母、阴阳就产生了联系二者的气（子），阴阳与气构成了三，由这个三生成了宇宙万物，所以老子接着讲："万物负阴而抱阳，冲气以为和。"也就是说，三的含义是阴、阳、气，万物是由阴、阳、气三者生成的。

本章说到一、二、三这几个数字，这并不是把一、二、三看作具体的事物和具体数量。它们只是表示"道"生万物从少到多，从简单到复杂的一个过程，这就是"冲气以为和"。这里老子否定了神的存在，是值得称道的。

如何理解"损之而益，益之而损"？大概是说：事物因外部条件有所不足反而发展得好，或是得到好的外部条件反而成了发展的束缚。比如两棵树，一棵少有人照理，一棵有人细心呵护。但是看起来条件不那么好的反而有了更强的生存能力，而被呵护的，却显得娇弱一些。那句"福兮祸所伏，祸兮福所倚"也暗含此意。另一个更直白的例子是"穷人的孩子早当家"。

总之，贪多必失。大舍大得，小舍小得，不舍不得。天理是损益补亏，柔弱可得天助。

第四十三章

无为之益

原文

> 天下之至柔，驰骋天下之至坚。无有入无间，吾是以知无为之有益。不言之教，无为之益，天下希及之。

注释一

1. 驰骋（chí chěng）：形容马奔跑的样子。

2. 无有：指不见形象的东西。

3. 无间：指没有间隙的东西。

4. 及：赶得上、达到。

英译

The Benefits of Doing Nothing

The softest travels through the hardest,

and invisible forces can penetrate solid things ,

so I realize the benefits of doing nothing.

However, few people in the world can teach others without saying anything

and benefit others without doing anything.

注释二

1. "无有入无间"的英译

此句的意思是"无形的力量能够穿透没有间隙的东西"。无有是指不见形象的东西。许渊冲译成"There is no space but the matterless can enter.";辜正坤译成"what consists of no substance can enter what has no crevices.(裂缝)";Arthur Waley 译成"Being substanceless it can enter even where is no space."。三位译者的译文符合原意,但读起来总感觉令人费解,倒不如我们的译文"Invisible forces can penetrate things without gaps",更直截了当,易于理解。

2. "不言之教,无为之益,天下希及之"的英译

此句的意思是"这种无言的教化,无为的益处,天下很少有人能够做得到"。许渊冲:"The teaching by saying nothing and the utility of doing nothing are seldom known to the world.";Arthur Waley:"But that there can be teaching without words, value in action that is actionless, few indeed can understand.";辜正坤:"Teaching without words, the benefit of inaction, are what few people in the world can perform and obtain."。对于"不言之教,无为之益"的翻译,各位译者相差无几,只是对"及"的理解不同,相对应的翻译有"know"、"understand"和"perform and obtain"。我们则把整句话译成了"However, few people in the world can teach others by saying nothing and benefit others by doing nothing."。理解与辜正坤基本相似,但表达更简洁。

新说

为什么在一个家里女性当家的占多数?为什么一个男人在外面表现得很强势但回到家里在妻儿面前却温情四溢?

水,貌似柔弱,却能洞穿坚硬的石头。女性的温情似水,儿孙的可爱似水,

故能战胜男人的强悍。

父慈子孝。很多为人父母的人对老辈人的孝顺是表现在行动而不是言辞中。斗转星移，为子孙后代树立了榜样。

无为，绝不意味着不作为，只是不妄为。而顺应天意，顺应人心的有为即是"无为"！

如何理解"无有人无间"？无有人无间，好比居住在紧闭门窗的房间里，仍然感到无比寒冷，那是因为外面的冷空气（无有）在不断渗透进墙壁（无间）。又好比宇宙最细微的粒子（无有）可以随意穿行于各种坚硬（无间）的星球。

至柔驰骋至坚有什么科学道理？人类的宇航事业刚开始发展时，宇航员都是男性，但是负责宇航员健康的医生们发现，虽然这些宇航员在地球上时身体很棒，到了太空后总有不少人会出现太空运动综合症，如恶心、头晕、头痛、胸闷、心情烦躁、萎靡不振、浑身不适等，回来也检查不出什么毛病。后来有一位美国心理医师建议，应该招收女宇航员，让女宇航员和男宇航员一起进入太空执行任务。这一建议被执行后，男宇航员们的太空运动综合症果然大大减少，都变得精神抖擞、态度积极，身心都舒坦起来，工作效率也大大提高。

那么这是怎么回事呢？一些医学家推测，生活中不能缺少女性，因为，女人的气味能让男人兴奋和着迷，男宇航员的精神有相当一部分都关注到了女宇航员身上，这种精神因素影响了心理，心理又影响了生理，所以太空运动综合症就消失了。

但是一些心理学家却提出了不一样的观点，他们认为，女宇航员的加入对男性宇航员身体健康的影响，应该归功于两性关系中的"异性相吸"的效应。比如在一个男人为主的场合中，若是有迷人的女性在场，男性们的心情和工作状态都会变得积极起来。正所谓"男女搭配，干活不累"，这在一般的工作场合就会有所体现，更不要说寂寞的太空之旅了。

可能每个男性都有过这样的感受，和女同事一起工作，会觉得格外赏心悦目。有心理学研究揭开了这一现象背后的原因，说是男性比女性更喜欢通过视觉获得异性的信息，容貌、发型等外部特征都能引起他们的兴趣，对他们的感官造成冲击，从而引起心理上的愉悦与兴奋。

此外，男性的表现欲和征服欲往往比女性强，潜意识里希望得到异性的赞美和欣赏。一旦得到女同事的赞赏，男人们的心理体验将得到极大满足，心理上的成就感冲淡了工作带来的劳累和压力，所以感觉不到累。

其实女人们也一样。女人们总待在一起，也会感到"疲劳"。很多女性也觉得和男性共事，不必为琐碎的小事操心，心情更放得开，也更有安全感。

可见，有了迷人的异性，无论男女都能心情良好、精神抖擞，情绪高涨、对人的身心自然有积极的影响，所以也就达到男女搭配干活不累的状态了。

第四十四章

知足不辱

原文

名与身孰亲？身与货孰多？得与亡孰病？甚爱必大费；多藏必厚亡。故知足不辱，知止不殆，可以长久。

注释一

1. 货：财富。

2. 多：轻重。

3. 亡：失去、丢失。

4. 病：有害。

英译

Contentment Brings No Shame

Which is more intimate, fame or life?

Which is more valuable, life or wealth?

Which is more harmful, gain or loss?

If you love fame and wealth too much,

you will have to pay a higher price;

if you accumulate too much wealth,

you will suffer even greater losses.

Therefore, if you know how to be satisfied,

you will not be humiliated;

if you know enough is enough,

you will not encounter danger.

Only in this way can you maintain long-term peace.

注释二

1. "名"、"身" 和 "货" 的英译

"名"是指"名誉";"身"是"身家性命",指"生命";"货"本意是"货物、商品",此处引申为"财富"。在本章中,老子所要表达的意思之一是珍视生命,不要把名利看得比生命还重。Arthur Waley 译成"fame""one's own self" "things bought",但对于"货"的理解与原意有出入;辜正坤译成 "name" "body" "goods",对于"名"和"货"的理解也与原意有出入;许渊冲译成"fame""life" or "health" "wealth",符合原意。我们的理解与许渊冲基本相似,也用了"fame" "life" "wealth"。

2. "甚爱必大费" 的英译

许渊冲译成 "The more you love, the more you spend.";辜正坤译成 "Excessive stinginess(小气) will result in great expense";Arthur Waley 译成 "He who grudges(吝惜) expense pays dearest in the end"。三位译者的译文都表达了句子的基本意思,但内涵不甚明了。老子在此句中所要表达的意思是过分热衷名利就必定要付出更大的代价,所以我们意译成了 "If you love fame and wealth too much, you will have to pay a higher price"。

新说

对一个普通人而言，生存的最高境界无非是名利双收。但是，这个名不可以是花钱买来的，这个利不可以是靠权谋得的。可惜的是，很大一部分人被利蒙蔽了双眼，失去了判断力，忘记了"利"既能益人也能害人的道理，陷入了一个"不捞白不捞"的怪圈，最后落得"捞了也白捞"的结局。

即便在当今，政府也没有限制你发财致富。如果你有本事，政府也能把一个草根提拔到众人难以企及的高位。可是，你不能因此而忘乎所以，我行我素。人在做，天在看！古今中外，因贪而亡的例子多如牛毛。但为什么贪官越抓越多呢？是攀比的心理在作怪吗？有制度的原因吗？有教育的问题吗？有管理的责任吗？但无论如何，最大的问题是当事者个人！

借此章的地利，我们分析一下老子的人生观。

从老子退隐乡野的做法和《道德经》的要义来看，老子的人生观是淡泊名利，不追求事业和成就。

首先，谦恭视下，低调做人。老子说"知其雄，守其雌，为天下溪"，"复归于婴儿"（第二十八章）。"知其白，守其黑，为天下式"，"复归于无极"（第二十八章）。"知其荣，守其辱，为天下谷"，"复归于朴"（第二十八章）。

再者，安于清贫，不求享乐。老子说"众人熙熙，如享太牢，如春登台，我独泊兮其未兆……"（第二十章）。"圣人为腹不为目"（第十二章）。"众人皆有余，而我独若遗……"（第二十章）。"知足者富"（第三十三章）。"知足不辱，知止不殆"（第四十四章）。

其次，为而不争。老子说"上善若水。水善利万物而不争，处众人之所恶，故几于道"（第八章）。"为而不争，圣人之道"（第八十一章）。"为者败之，执者失之"（第六十四章），"无为故无败，无执故无失"（第六十四章）。"夫唯不争，故天下莫能与之争"（第二十二章）。

最后，无私无欲。老子说"万物恃之以生而不辞，功成而不有。衣养万物而不为主，可名于小。万物归焉而不为主，可名为大"（第三十四章）。"生而不有，为而不恃，长而不宰，是谓玄德"（第五十一章）。"持而盈之，不如其已。揣而锐之，不可长保；金玉满堂，莫之能守。富贵而骄，自遗其咎。功遂身退天之道"（第九章）。

人最初的贪性只是一种动物生存的本能。在人类社会的进步中，人的贪性本能随着社会的进步延伸或演变为一种自觉的社会意识。每个人所处的社会地位不同，所具有的贪性也不同。贪吃、贪喝、贪安逸、贪享乐、贪色、贪财、贪权、贪小便宜、贪生怕死，都是人类贪性的具体表现。

只要是人就具有贪性。因此无论是国民党人还是共产党人，只要有了权，而这个权又不能有效地受到监督，都可能成为贪污犯。想通过教育，通过学习，通过一个政治报告，通过一个讲话来解决贪污腐败的问题能起到一定的恐吓、约束作用，但关键的是通过法律的健全与执行力。

第四十五章

大成若缺

原文

大成若缺，其用不弊。大盈若冲，其用不穷。大直若屈，大巧若拙，大辩若讷。静胜躁，寒胜热。清静为天下正。

注释一

1. 大成：最为完满的东西。

2. 冲：虚，空虚。

3. 屈：弯曲。

4. 讷（nè）：不善于讲话；说话迟钝。

5. 正：通"政"。

英译

Perfection Does Not Appear Flawless

The most complete thing seems to be incomplete,

but its function will never be worn out;

the fullest thing seems to be empty,

but its effect will not be exhausted.

The most upright things seem to have bends,

the cleverest things seem to be the clumsiest,

and the most eloquent seems to be slow to respond

Calmness overcomes restlessness,

and cold overcomes heat.

Only by being calm and doing nothing can you rule the world.

注释二

1. "静胜躁，寒胜热"的英译

我国历代学者均极其重视《老子》一书，其中流传较广的是 1973 年湖南长沙马王堆三号汉墓出土的帛书《老子》甲、乙本和 1993 年郭店一号楚墓出土的郭店竹简本。在有的版本上，此句是"躁胜寒，静胜热"。据此，辜正坤译成 "Movement overcomes cold; quiet overcomes heat"；Arthur Waley 译成 "Movement overcomes cold; But staying still overcomes heat."。两位译者的翻译基本一致，把"躁"译成"movement"；把"静"译成"quiet"和"staying still"（静止，不动），这两个词是指人的身体状态。但我们认为，"静"是"安静、平静"；"躁"是"狂躁、燥热"，是指人的心理状态。许渊冲的译文 "Be calm rather than rash; be cool rather than hot." 是"静胜躁，寒胜热"版本的英译，符合老子原意。我们也按照现有的版本，把本句译成了 "Calmness（平静）overcomes restlessness（狂躁、不安）, and cold overcomes heat."。

2. "清静为天下正"的英译

对于此句的理解，有两种说法：一是从个人修身养性的角度，理解为"清静无为才是正道"。二是从治理天下的角度，理解为"清静无为才能统治天下。" 许渊冲译成 "Serenity is the right way in the world."；Arthur Waley 译成 "So he by his limpid calm puts right everything under heaven."，二位译者倾向于第一种解释。辜正坤译成 "So inaction and quiet help one become a leader of the world"，倾向于第二种。我们的理解与辜正坤基本相似，译成 "Only by being calm and doing nothing can you rule the world."。

新说

读罢此章，我想起了"大智若愚"。从小就听到老人夸奖某个孩子眼睛有神、聪明，而那些表现木讷的孩子大都被认为老实、愚笨。到了不惑之年方才领悟大智若愚的真正内涵，但感觉自己并没有发现周围有多少此等人物。只记得一个开印刷厂的生意人。从面相上看，他十分老实，众人都愿意与他做生意。可仔细想想，哪有愚笨的生意人？果真是大智若愚吗？看看马云，全身透着精明啊！

我又记起了一句话：人不可貌相，海水不可斗量。可是据说面相师能根据某人的长相看出这个人的命运，真是神乎其神！

无论如何，狂躁过后必然是宁静。一个沉得住气的人肯定比一个急躁的人更理智，因而也必定能获得更大成功！

此章中有些句子如"大成若缺、大盈若冲、大直若屈、大巧若拙、大辩若讷"，难以明白，故举例说明。

大成若缺：新中国、亚投行、一带一路；

大盈若冲：黄河、长江、风箱；

大直若屈：地平线、铁轨；

大巧若拙：爱因斯坦、霍金；

大辩若讷：有的人貌似木讷，但遇事沉着，精于谋划，工于心计，不轻易表态，但什么事都不会吃亏；有的人平时能言善辩，但到了正式场合可能哑火或者说不到点子上，或者因为嘴快而得不到真实信息。

第四十六章

知足常足

原文

> 天下有道，却走马以粪。天下无道，戎马生于郊。祸莫大于不知足；咎莫大于欲得。故知足之足，常足矣。

注释一

1. 却：屏去、退回。

2. 走马：战马。原意是指善跑的马。

3. 粪：耕种、播种。

4. 戎马：战马。

英译

One Who Knows Contentment Is Always Satisfied

If the governance of the world is in line with the divine law,

the warhorses will be returned to the farmers for farming in the field.

If the governance of the world is not in line with the divine law,

even a pregnant mare will be sent to the battlefield

and give birth to a foal on the outskirts.

The greatest crime is dissatisfaction,

and the biggest fault is greed.

A man who knows when to be satisfied is always satisfied.

注释二

1.“咎莫大于欲得”的英译

此句的意思是“最大的过失是贪得无厌”。Arthur Waley 的译文“No presage of evil greater than men should be wanting to get more.”句子结构似乎不太对，但无从考究，暂且不论。其他译者的理解一致，译文精彩纷呈。许渊冲译成“No woe（灾祸） is greater than covetousness（贪婪）”，用词稍偏；辜正坤译成“No crime is greater than greediness”，用“否定词＋比较级”来表示最高级；我们则直接用了最高级，译成“the biggest fault is greed”。

2.“故知足之足，常足矣”的英译

各位译者对于此句的理解基本一致。Arthur Waley 的译文是：Truly:“He who has once known the contentment that comes simply through being content, will never again be otherwise than contented.”。该句结构太复杂，用了两个定语从句。先是定语从句“who has…”来修饰“He”，在这个定语从句里又含有一个定语从句“that comes…”来修饰“the contentment”。此外，还用了一个不太常用的短语“otherwise than（除 ... 以外）”。辜正坤译成“Thus the contentment of feeling content is an eternal contentment.”；许渊冲译成“If you know contentment comes from being content, you will always have enough.”尽管表达不同，但都符合老子的本意。我们译成“A man who knows when to be satisfied is always satisfied.”，句子用了大家熟悉的结构，便于理解。

新说

埃弗拉在《战争的原因》中列出了现代战争的主要原因：

（1）对危机和战争的结果持有错误的乐观主义情绪，或者低估战争所需要的成本，容易导致战争。

（2）如果首先有所行动或发起攻击的一方占有一定的优势，那么战争就容易爆发。

（3）相对权利（作者称为 windows）的变化容易导致战争。

（4）当对资源的控制使一个国家要去保护其他一些资源时，战争更容易爆发。

（5）征服越容易，战争就越容易爆发。

在和平时期，战马失去了本来的价值；在战争时期，耕牛也可能被用来拉炮。这是几千年来不断验证过的，毋庸置疑。遗憾的是，对这一常识的熟知并没有劝诫某些人去发动战争，而且他们总能找到发动战争的借口。唯一的区别是，因为这些人实在太强大了，以至于没有人能把他们推到被告席，而且还有很多国家在刻意寻求他们的保护。一个强权统治下的世界有"道"可言吗？

知足的人生让我们体会到什么是幸福，什么东西才值得我们真心地去珍惜。而不满足会告诉我们，其实我们还可以做得更好，还可以更进一步，也许还有更大的机会，一如在雨中奔跑的人。我们知足是因为我们至少还可以奔跑，这比起很多坐轮椅的人来说，无疑是世界上最幸福的事情了，但是我们不要满足于此。我们更希望有自己的一片晴空，我们要努力地向前奔跑，奔向那片自由的天空。人生要学会满足，但是，不要轻易满足。

自我安慰、自欺欺人、不求上进、不思进取，是导致一个人乃至一个国家落后的主要原因。醒醒吧，我的国家！醒醒吧，我的亲人！

第四十七章

不为而成

原文

不出户，知天下；不窥牖，见天道。其出弥远，其知弥少。是以圣人不行而知，不见而明，不为而成。

注释一

1. 窥（kuī）：从小孔隙里看。

2. 天道：日月星辰运行的自然规律。

3. 弥（mí）：更加、越。

英译

The Sage Accomplishes All without Doing Anything

Without going out of the door,

they can know the outside world;

without looking out of the window,

they can understand the natural laws of

the movement of the sun, the moon and the stars.

The further away the people are from the divine law,

the less they know.

Therefore, the sage who follows the divine law

can know the truth without going out,

perceive the law of Heaven clearly without peeping,

and achieve something without doing anything.

注释二

1. "其出弥远，其知弥少"的英译

对于此句，三位译者都用了直译法。许渊冲译成"The farther you go out, the less you may learn."；辜正坤和 Arthur Waley 的译文相同，都译成了"For the further one travels, the less one knows."。对以上译文，我们持不同看法，因为不符合常理。为什么出远门，反而知道的少？不是"读万卷书、行万里路、尽知天下事"吗？我们认为，老子的本意是离开"道"越远，知道的道理就越少"所以，我们译成了"The further away the people are from the divine law, the less they know."。

2. "是以圣人不行而知，不见而明，不为而成"的英译

这句话的意思很好理解，三位译者的译文也各不一样。Arthur Waley 的译文"Therefore the Sage arrives without going, sees all without looking, does nothing, yet achieves everything."中 arrive without going 不大好懂，也不是很契合原文；辜正坤的译文"That is why the sage knows everything without going out; sees Tao of heaven without looking out of the window; succeeds without resorting to action"符合老子的原意。许渊冲译成了"Therefore the sage learns all without going far away. He becomes well-known without looking out, and accomplishes all without doing anything."。他竟然把"明"译成了"well-known（著名的、熟悉的）"，和原意有些许出入。我们意译成"Therefore, the sage who follows the divine law can deduce the truth without going out, perceive the law of Heaven clearly without peeping, and achieve something without doing anything.", 使人一读便知晓其中真正的含义。

新说

要么读万卷书，要么行万里路。天才不读书，也不会知天下，凡人行万里路，也会了解天下很多事物。

有了网络，倒真的省去了很多行路、读书的麻烦，帮助各色人等获得了过去只有圣人才能知晓的奥秘，于是这个世界在人们眼中变得清晰起来，圣人也不再被顶礼膜拜。这也合乎"道"吧？

尽管如此，世界的奇妙，岂是足不出户就能完全领略到的吗？宇宙的奥秘，岂是坐在家里凭空臆想出来的吗？社会的进步，又怎么能是不主动创造而自然产生的呢？

如何理解"其出弥远，其知弥少"？有人把此句解释成"他向外奔逐得越远，他所知道的道理就越少"，这是容易引起歧义的。"其出弥远，其知弥少"是通晓道之原理的人可以达到的境界，意思是那些离开道越远的人知道或了解的事物规则就越少。此句可以这样理解：人要体得真道，首先要修其身，坚守自己的信念，不受外界干扰。从此意义上说，获得知识的第一步是反思自身，其次才是向别人求索。没有修身的基础而向别人索取知识，所获越多，疏漏越多。所以真正有学识的人"不行而知、不见而名、不为而成"。《淮南子》对"其出弥远，其知弥少"的解释为"不可使精神外泄"，是为精妙恰当的评价。

另外一种解释也很有意思：一个人走得越远，就会发现自己知道的东西越少。阅历越丰富，那么他拥有的智慧内容就会越简单。

第四十八章

无为不为

原文

> 为学日益，为道日损。损之又损，以至于无为。无为而无不为。取天下常以无事，及其有事，不足以取天下。

注释一

1. 益：增加。

2. 取：管理、治理。

3. 无事：即无扰攘之事。

4. 有事：繁苛政举骚扰民生。

英译

When You Need to Do Nothing, You Can Do Everything

For those who pursue learning,

their knowledge increases day by day,

while for those who seek the divine law,

their confusion decreases day by day.

Step by step,

they finally come into a state of doing nothing.

If they need to do nothing, they can do anything.

People who govern the state should always run it

on the basis of not harassing the people.

If they often harass the people with tyranny,

they are not worthy to govern the state.

注释二

1. "为学日益，为道日损"的英译

各位译者对"学"和"道"的理解相同，但对"益"和"损"的理解不一。Arthur Waley 译成 "Learning consists in adding to one's stock day by day, the practice of Tao consists in subtracting day by day"，没有点明 "损（subtracting）"的是什么；辜正坤译成 "He who seeks learning must increase his knowledge every day; he who seeks Tao must reduce his knowledge every day."，"益"和"损"分别译成 "increase" 和 "reduce"，十分巧妙，但对"损"的对象的理解和原文有出入；许渊冲译成 "The more you know of the human world, the less you know of the divine law."，用了 "The more…, the less…（越……，越……）" 的句型结构，"为学"和"为道"是有这样的关系吗？我们不敢妄加评论。我们的译文是："For those who pursue learning, their knowledge increases day by day, while for those who seek the divine law, their confusion decreases day by day."，因为我们的理解与他们三位不同。

2. "及其有事，不足以取天下"的英译

老子在本章中指出，治理国家，要经常保持清静无为的态度。如果整治措施过于繁多，就不足以治理天下了。辜正坤译成 "If one governs with too much action, one is not a worthy governor."，简洁、明了；Arthur Waley 则用了虚拟

语气的倒装句结构，译成"Had they interfered, they would never have won this adherence（支持）."，而且把"有事"译成"interfer（干扰）"，十分契合原文本意；许渊冲译成"If everything need you to do, then you cannot rule over the world."，"有事"的译文和原文有出入。我们则译成"If they often harass （使苦恼） the people with tyranny（苛政），they are not worthy to govern the state."，想必与老子的本意靠得更近吧？

新说

针对"为学日益，为道日损"，我看到了另外三种解释：

1.搞学术研究的人要逐渐增加知识积累；而搞哲学研究的人要一层层剥离到达事物初始状态来追求事物的本质。

2.知识的获取是积少成多、聚沙成塔的过程；修道的结果是剥茧抽丝、剥皮取芯的过程。

3.做学问的人每天都能从学到的知识中有所收获。日积月累，他们的学识素养也就越来越高。为道者每天都在认识自身潜意识中的思维模式、行为模式，减损并改正错误言行，剔除自身的错误意识。

那么，在知识主宰人类的时代，"道"是否将退居幕后呢？

"道"是通过"德"表现出来的。道的抽象性和德的实在性是统一的。近几年，国家一直提倡道德楷模，从政府部门到民间机构都在组织各种道德类如"道德模范""身边的好人"等系列活动，旨在提升人们的德行。

脸书的创始人扎克伯格为庆祝女儿降生，承诺将夫妻二人持有Facebook（脸书）的99%股份捐赠给慈善机构，用以推进人类潜能和促进平等，这一举措难道不是其上德的极好体现吗？

这些事例说明，为学和为道可以实现共享，有些时候甚至可以实现有机统一，成为矛盾的统一体。

读此章，我想起了文革，想起了忆苦思甜。我还想起了挖野菜，想起了小时候给大人往田里送饭。我又想起了村口的大钟一响，队上的人在树下集合开会。那时候还觉得十分快乐。现在想想，真是够滑稽的。即便如此，人民还不能提意见，否则就可能是"反革命"。

幸运的是有了邓公拨乱反正，提出了改革开放。这在古代就是"商鞅变法"啊！阻力虽然不小，但中国共产党硬是坚持了三十多年，顺应了民意，使得百姓过上了富裕平安的生活。"民意"即是"天意"，不对吗？

第四十九章

善者吾善

原文

圣人常无心，以百姓心为心。善者，吾善之；不善者，吾亦善之；德善。信者，吾信之；不信者，吾亦信之；德信。圣人在天下，歙歙焉，为天下浑其心，百姓皆注其耳目，圣人皆孩之。

注释一

1. 心：私心。

2. 德：通"得"。下同。

3. 浑其心：使人心思化归于浑朴。

4. 耳目：视听。

5. 孩：使动用法，使老百姓回复到婴儿般的状态。

英译

The Sage Is Kind to Those Who Are Kind

The sage seldom has his personal will or desire,

but takes the will of the people as his own.

For the kind person, I treat him kindly;

for the unkind person, I also treat him kindly,

so that I can get kindness and make everyone kind.

For those who keep their word, I trust them;

for those who do not keep their word, I also trust them,

so that I can get trust and make everyone trustworthy.

When the sage following the divine law is in his position,

he restrains his own desire and makes the people's minds simple.

The common people all watch the leader's words and deeds,

and the sage brings them back to a baby-like simplicity.

注释二

1. "圣人恒无心，以百姓之心为心"的英译

百度百科对"心"的解释是： "心"古字形像人或鸟兽的心脏，本意即心脏（heart）。古人认为心是思维的器官，因此把思想、感情都说做"心"；又由思维器官引申为心思、思想、意念、感情、性情等；又引申为思虑、谋划。此句中的"心"是"意念、意愿"。很显然，Arthur Waley 的译文"The Sage has no heart of his own; he uses the heart of the people as his heart." 和原文有出入；辜正坤的译文 "The sage often has no will; he takes the people's will as his own." 和许渊冲的译文 "The sage has no personal will; he takes the people's will as his own." 几乎相同，都把"心"译成"will"。对于圣人的"心"，许渊冲用了"personal will（私心）"，更符合原意。我们则更进一步，译成"The sage seldom has his personal will or desire, but takes the will of the people as his own. "。

2. "信者信之，不信者亦信之，德信也"的英译

此句中"信"有两个意思： "守信用、实践诺言"和"相信、信任"。许渊冲的译文是 "He trusts not only the trustworthy, but also those who are not, so all become trustworthy.", 分别把"信"译成了"trust（信任）""trustworthy（可信任的）"; 辜正坤译成"Those who are of faith, I put faith in; those who are of no faith, I also put faith in. Thus I obtain faith.", 把"信"分别译成"put faith in（信任）""of faith（可信任的）"; Arthur Waley 译成"The truthful man I believe, but the liar I also believe, and thus he gets truthfulness.", 把"信"分别译成"believe（信任）""truthful（诚实的）"。虽然用词不同，但理解基本一致，也基本符合了老子的原意。遵循原文，我们译译了"For those who keep their word（遵守诺言）, I trust them; for those who do not keep their word, I also trust them, so that I can get trust and make everyone trustworthy.", 更全面、更易于理解。

3."百姓皆注其耳目，圣人皆孩之"的英译

此句中的两个关键词是"耳目"和"孩"。"耳目"本意是"耳朵和眼睛"，引申为"视听""注其耳目"是"其耳目注圣人"，意思是"老百姓观察着圣人的言行"。"孩"是使动用法，意思是"使老百姓回复到婴儿般的状态"。Arthur Waley 译成"The Hundred Families all the time strain（过分使用）their eyes and ears, the Sage all the time sees and hears no more than an infant sees and hears."和原文有很大出入，而且把百姓直译成"Hundred Families"，让人不禁失笑。许渊冲译成"The people are all eyes and ears; the sage restores them to their childhood.", 前半句的意思不甚明朗。辜正坤译成"The people are all preoccupied（全神贯注的）with their eyes and ears, the sage helps them return to the childhood state", 符合原意。我们和辜正坤的理解一致，则译成"The common people all watch the leader's words and deeds, and the sage brings them back to a baby-like simplicity."

新说

按常理说，圣人应该是替百姓说话的，否则又怎么能受到百姓的尊崇呢?

那圣人又怎么能得到统治者的高度认可呢？

这说明，圣人讲的是一些"天道"。统治者如果总想着出台什么办法来"治"手下百姓，总有一天会被苛政之下的百姓推翻。只有上下统一思想，才会实现聚力、合力，才会推动社会的进步，才会保证百姓生活无忧，才会实现国家的长治久安。

老子的"道"，始终立足于"人之初、性本善"的观念，主张以善对善、以信对信，这本无可厚非。但如果对待不讲信用、不做善事的人也能抱有善待之心，寄希望于对方能接受感化、迷途知返，显然忽略了惩戒的作用。是不是有点太天真了？

我们来看看孔子在这类事情上的态度。有人说："用恩德来报答怨恨怎么样？"孔子说："用什么来报答恩德呢？应该是用正直来报答怨恨，用感激、恩德来报答恩德。"。

对于怨恨，要用正直来回报。正直不受外界影响，其原动力是真诚。对于别人的恩惠、恩德，需要抱有感激的心，用自己的恩德来回报他人。

正直的另一层含义就是公正、合理、不偏不倚。恩德要用恩德去回馈，怨恨要用公正、合理的方式回击。不可一味姑息从而纵容罪恶扩散而丧失善良，也不可挟私加重报复。

"以德报怨"是道家的思想。孔子没有直接反对，只是在逻辑上作一个论辩。他说，别人对我不起，我对他好；那么人家对我好，我又该怎样报答呢？所以他就主张"以直报怨"。对我好的，我当然对他好；对我不好的，我当然不理他。这是孔子的思想。他是主张明辨是非的。

第五十章

出生入死

原文

出生入死。生之徒，十有三；死之徒，十有三；人之生，动之于死地，亦十有三。夫何故？以其生之厚。盖闻善摄生者，路行不遇兕虎，入军不被甲兵；兕无所投其角，虎无所用其爪，兵无所容其刃。夫何故？以其无死地。

注释一

1. 出生入死：出世为生，入地为死。

2. 徒：同一类的人。

3. 生生：求生。

4. 摄：保养、养生。

5. 兕（sì）：属于犀牛类的动物。

6. 甲兵：指铠甲和兵械，泛指兵器。

英译

Once Born, People Are Dying

From birth to death,

three tenths of the people live a long life;

three tenths of the people die early;

and three tenths of the people who could have lived longer

go to death owing to their own faults.

How can it be so?

Because of over-nutrition.

It is said that people who are good at taking care of their own lives

will not encounter ferocious rhinos and tigers when walking,

and will not be injured by weapons in war,

as the rhino has nowhere to horn, the tiger has nowhere to claw ,

and the weapon has nowhere to stab the blade.

How can it be so?

Because they can avoid the situation that leads to death.

注释二

1."出生入死"的英译

与今天的成语"出生入死（多用以赞扬不顾个人安危的献身精神）"的意思不同，本章中的"出生入死"之意，是说天下万物，出则为生，入则为死，也就是指"从出生到死的人生过程"。Arthur Waley 译成"He who aims at life achieves death.（向生而死）"。很显然，作为西方人，Arthur Waley 没有理解"出生入死"的含义。辜正坤译成"When given to birth men live and when being buried they die"，意思符合，但有点绕。许渊冲译成"from birth to death"，简洁明了。我们的译法与其一致。

2."以其生之厚"的英译

三位译者的理解基本一致。辜正坤译成"Because they are too eager to live longer."；许渊冲译成"For men overvalue a long life."；Arthur Waley 译成"It is because men feed life too grossly."。三位译者侧重的是字面意思"因为想长寿"。我们的理解是"由于求生的欲望太强，营养过剩，因而奉养过厚了。"，所以，我们意译成"Because of over-nutrition."。

3."以其无死地"的英译

此句话的意思是"因为他会避开导致死亡的境地"。Arthur Waley 直译为"Because such men have no death-spot（死亡地点）in them."，有点令人费解。许渊冲译成"For they will not come near the realm of death.";辜正坤译成"Because there is no realm of death for him to enter."。二位译者把"死地"都译成了"the realm of death"。我们采用意译法，译成"Because they can avoid the situation that leads to death."，更富有想象力。

新说

老子先是提出了一个概率问题："生之徒，十有三；死之徒，十有三；人之生，动之于死地，亦十有三。"，然后提出："闻善于养生者，行路不会遭遇猛兽的攻击，入战场不会受到武器伤害，犀牛都不愿用其角，猛虎都不用其爪，敌兵无法向他下刀。这是为什么呢？因他未处死地。"但老子所要表达的显然并不只是字面所指，而是更深层的含义。路行不遇犀牛与老虎，其实人行路有多少概率会遇到猛兽呢？猛兽又怎会平白无故跑到大路上袭击人？我认为老子这里所指的应该是那些懂得不走歧途并遵循道去解决问题的人。这些人即使遇到困难、危险，也能够化险为夷。入军不被甲兵。真的上战场谁能不穿盔甲、不带兵刃呢？显然，老子并不是想提出那么玄乎的建议，只是在告诉世人应该保持善性。如果能够减少战争，那会有多少百姓士兵能安享人生啊！

很多时候，死亡的确是自己寻来的。排除自杀的因素不算，有的人冲动不计后果；有的人忽视自己身体状况逞强逞能；有的人明知山有虎偏向虎山行。这种例子俯身即拾，几乎每年都会听到若干。套用一句流行语："NO ZUO

NO DIE"。

这些人的行为从心理学的角度不难解释，就是失去了"理智"。明知转动方向盘公交车可能撞墙撞人，有人还是去硬拉硬拽；明知自己不能剧烈运动，可还是连续打几场排球；明知野生动物园随时有猛兽出现，但有人还是私自开门下车。事后害怕、后悔，有用吗？老子说得对。这个世界处处潜伏着危险，生命随时受到威胁。人活着不容易，应该处处小心谨慎，不要进入危险范围。

老子道行深广，又有一双发现的眼睛，因而能够从整体上知晓生命状态的内部机理。老子的三个"十有三"，是中华养生史上对人的生命状态的一次具有划时代意义的区分。

老子所处的春秋时代，诸侯争霸，兼并和掠夺战争连年不断，给社会生产和人民生命财产造成了深重的灾难。在诸多损害生命养护的因素中，战争成为头号祸害，因而，反战便是养护生命的题中应有之义。

围绕养护生命的问题，老子提出过许多重要的主张，如少私寡欲；知足常足；物极必反；祸福相倚；无为而治等等。这些思想和观点，对人们科学认识和维护心理健康，化解心理纠结，减少心身疾病都具有重要的意义和价值。但这比起反对战争、消弭动乱这个重大的原则来，则要退居次席。和平、和谐才是最根本的养护生命之道。

第五十一章

长而不宰

原文

道生之，德畜之，物形之，势成之。是以万物莫不尊道而贵德。道之尊，德之贵，夫莫之命而常自然。故道生之，德畜之；长之育之；成之熟之；养之覆之。生而不有，为而不恃，长而不宰。是谓玄德。

注释一

1. 畜（xù）：养育、繁殖。

2. 势：万物生长的自然环境。

3. 命：干涉。

4. 养：爱养、护养。

5. 覆：维护、保护。

6. 长（zhǎng）：引领、领导。

英译

Lead, but Not Rule

The divine law grows all things,

and virtue nurtures them.

They take on a variety of forms,

and the environment helps them grow up.

Therefore, all things obey the divine law and value virtue.

The reason why the divine law is obeyed and virtue valued

is that the divine law grows all things without interference,

and virtue raises all things without domination.

Therefore, as the divine law grows all things,

virtue rears them,

and they are all grown and developed, matured and sheltered.

This is the mysterious virtue of

growing all things without taking them as their own,

nurturing them without imposing personal will,

and leading rather than dominating them.

注释二

1. "道之尊，德之贵，夫莫之命而常自然"的英译

对于此句的翻译，各位译者的理解基本一致。Arthur 译成 "No mandate（命令）ever went forth that accorded to Tao the right to be worshipped, nor to its "power" the right to be worshipped, nor to its "power" the right to receive homage（尊崇）."，句子稍长，用词稍微生僻；辜正坤译成 "This worship and honor stems（起源）from the fact that Tao and The (virue) never unnaturally impose their influence on all creatures."，用了一个同位语从句，修饰 "the fact"，但表达有点绕。许渊冲译成 "The divine law is important and virtue is valuable. None orders them to obey, but they obey naturally." 倒是十分简单明了。我们译成 "The reason why the divine law is obeyed and virtue valued is that the divine law grows all things without interference, and virtue raises all things without domination."，用了 "why" 引导的定语从句和 "that" 引导的表语从句，虽然句子稍长，但意思表达更清晰，

易于理解。

2. "故道生之，德畜之；长之育之；成之熟之；养之覆之"的英译

Arthur Waley 译 成 "Therefore as Tao bore them and the "power" of Tao reared them, made them grow（长之）, fostered them（育之）, harboured（庇护、保护）them（养之覆之）, brewed（孕育）for them（成之熟之）"；辜正坤译成 "In this way, Tao begets all creatures; The (virtue) rears them, promotes them（长之）, nurture them（育之）, bring them to fruition and maturity（成之熟之）, meanwhile maintains and defends them（养之覆之）."；许渊冲译成 "In accordance with the divine law, all things are born and bred in their virtue, grown up and developed（长之育之）, completed and matured（成之熟之）, protected and sheltered（养之覆之）."。可以看出，三位译者的用词不一，都基本和原文相符。我们集众家之长，译成 "Therefore, the divine law grows all things, virtue rears them, and they are all grown up and developed, matured and sheltered."，和许渊冲的译文一样，句子用了被动语态，用了四个动词 "grow up" "develop" "mature" "shelter" 和原文相对应，一目了然。

3. "玄德"的英译

"玄"的意思是"深奥不容易理解的（mysterious）"，第一章已有论述。辜正坤译成 "the most intrinsic The (virtue)"。查阅字典，intrinsic: adj (of a value or quality) belonging naturally; existing within, not coming from outside（指价值或性质）固有的，内在的，本质的。所以，辜正坤的理解和原文有出入。Arthur Waley 的译文 "the mysterious power" 和许渊冲的译文 "the mysterious virtue" 符合原意，所以我们也译成了 "the mysterious virtue"。

新说

　　我已经忘记自己是什么时候听到"道德"二字的了，只是觉得这两个字形影不离。现在知道老子实际上把"道"与"德"分得很清楚。"道"，让我想到了"天"；"德"，让我想到了"人"。"道"，让我想到了"无"；"德"，让我想到了"有"。"道"让我想到了"虚"，"德"让我联想到"实"。但无论如何解释，道德难分难解。

　　万物成长都有规律。只有顺应规律，万物才能得到正常的养育、呈现、发展和保护。人如此，国家亦如此。统治者应该明白其中的道理。不要唯我独尊、胡作非为，更不要视天下臣民为草芥，而要以道服众，以德育人，为天下百姓创造自然生息的环境。

　　无论对个人还是对社会，道德都具有基础性意义。做人、做事最重要的是崇德修身。中国文化强调的立世根本就是德。对于个人，"君子以厚德载物"；对于家国，"国之安者，必积其德义"。总之，"德者，本也"。

　　再看中国文化里影响社会最为深远的儒道两家。《道德经》传递着道家思想"道生之，德畜之"的理念：万事万物能产生是因为符合了天道，能蓄养生长是因为符合着德性。而儒家对"德"的论述更是随处可见。比如，"德不孤，必有邻"。再比如，"大学之道，在明明德"。

　　君子最重视的就是道德修养。有了德，才有人心所向；有了人心，才有领域所属；有了领域，才有财富所得；有了财富，才有资金可用。这样的理念，一直都是中国文化对于国家治理、社会伦理以及人生道理的方向指南。

　　大道至简。

第五十二章

天下有始

原文

天下有始，以为天下母。既得其母，以知其子，复守其母，没身不殆。塞其兑，闭其门，终身不勤。开其兑，济其事，终身不救。见小曰明，守柔曰强。用其光，复归其明，无遗身殃；是为袭常。

注释一

1. 始：本始。此处指"道"。

2. 母：根源。此处指"道"。

3. 子：派生物。指由"母"所产生的万物。

4. 兑（duì）：指口，引申为孔穴。

5. 勤：劳作。

6. 济（jì）：增加。

英译

The World Has a Beginning

Everything in the world has a beginning,

and this beginning serves as the root of all things in the world.

Now that you know the root, you can know everything.

If you grasp the root of everything,

you will avoid danger all your life.

Block the hole of lust and close the door of desire

so that you will have not any trouble from birth to death.

If you open the hole of desire,

there will be more trouble,

and you will never be cured.

To be able to see the subtle is called "intelligent";

to be able to hold on to the weak is called "strong".

If you use its light to restore the keen sight,

you will not endanger yourself.

This is the everlasting divine law.

注释二

1. "母"与"子"的英译

　　老子认为，天下万物都有一个开始，而这个开始就是天地万物的根源，就是所谓的道。所以，他把道比作生养万物的母亲，而把万物比作道的孩子。许渊冲和 Arthur Waley 都直接译成 "mother" 与 "sons"，没有点明真正含义。辜正坤译成 "the mother of all things" 与 "children(all things)"，点出了"母"是"万物之母"，"子"是"万物"，符合原意。我们则更进一步，意译成 "the root of all things in the world" 与 "all things"，更容易理解。

2. "塞其兑，闭其门，终身不勤"的英译

　　"兑"在《易经》的八卦里作"口"解；可解释为口、耳、鼻，泛指与外界相通的器官。许渊冲采用了此意，把整句译成 "Dull（使钝）your senses and shut their doors, you need not toil（辛苦工作） all your life."。再看"勤"的解释，其主要意思有"用力""劳苦""担心、忧虑"等。Arthur Waley 把"勤"理解为"用力"，整句译成了"Block the passages（通道）, shut the doors, and till the end your strength shall not fail."。辜正坤译成"Block the openings (of knowledge), shut the door (of desires), and you will be free from illness all your life."，把"勤"译成"illness"，和其字意及原文都有出入。我们认为，"兑"引申为"孔穴"，老子的意思是"欲望之兑"和"欲望之门"，而且，此处"勤"应是"忧虑、烦扰"之意。所以，我们译成了"Block the hole of lust and shut the door of desire so that you will have not any trouble from birth to death."，应该更符合老子的本意吧。

3."见小曰明，守柔曰强"的英译

此句话的意思是察看细小便可见大，这才叫明；守住柔弱便可克刚，这才叫强。此句是一个并列句，但 Arthur Waley 的译文"A good sight means seeing what is very small, so strength means holding on to what is weak."是一个表示因果关系的句子，译得不错。许渊冲意译成"Keen（敏锐的） sight can see the smallest thing; supple（灵活的）mind can resist the strongest force.",基本符合原意。辜正坤译成"To be able to perceive（感知） the minute is called Discernment（洞察力）; to be able to play the role of the weak is called Strong"，觉得上半句很好，下半句一般。我们译成："To be able to see the subtle（微妙的）is called 'intelligent'; to be able to hold on to the weak is called 'strong'."，句子结构对应，而且用词简单，便于理解。

新说

想知道病是如何得的，就要寻根求源；知道了病是如何得的，就可以想法

从源头上去避开这种病。既然知道烦扰的根源在于欲念，就应该先关闭欲望的心门。如果总是不知足，经不住各种欲念的诱惑，并不择手段去满足，那这个人就不可救药了。

真正的聪明是以小见大，真正的刚强是以柔克刚。若想一辈子平安无忧，就应该时常拷问自己的内心，反思自己的所作所为是否合乎"道"。

散步时想到当今微信平台上有如此多的心灵鸡汤，可又有多少能像《道德经》一般被称为传世杰作呢？真的是因为物以稀为贵吗？

另外，我想到人类坚持探索宇宙起源的动机与目的。我觉得，虽然主要是好奇心尤其是占有欲所致，但意义确实非常重大，主要体现在以下几个方面：

1. 了解宇宙演化及其中的各种物理现象和过程，探索宇宙的神奇与奥秘；

2. 探索人类的起源，了解人类和地球生物在宇宙中的地位及意义；

3. 发展各种太空技术并将其运用到各个领域；

4. 探索和占有各种太空资源，开发利用宇宙，带动科技发展；

5. 利用太空的极端环境进行各种科学和技术试验；

6. 显示国家的先进和强大；

7. 探索地外文明，做文化交流；

8. 寻找另外适合人类居住的家园。

第五十三章

下士好径

原文

> 使我介然有知，行于大道，唯施是畏。大道甚夷，而人好径。朝甚除，田甚芜，仓甚虚；服文采，带利剑，厌饮食，财货有余；是为盗夸。非道也哉！

注释一

1. 使：假如、假设。

2. 介然：稍微。

3. 施：邪行、邪径。

4. 径：邪径。

5. 朝甚除：朝政非常败坏。一说宫殿很整洁。

6. 厌：饱足、满足、足够。饱得不愿再吃。

7. 盗夸：大盗、盗魁。

英译

Some People Like By-path

If I have acquired a little understanding of the world,

I will do something according to the principle of the divine law.

The only thing I am worried about is going the wrong way.

Although the road is even,

some people like to take the by-path.

The corruption of the imperial government was so terrible

that the fields were deserted, and the warehouses were empty.

However, some people were still wearing splendid clothes,

carrying sharp swords, feasting on fine food, and plundering rare goods,

so they may be called the heads of thieves and robbers.

How uncivilized it is!

注释二

1. "使我介然有知，行于大道，唯施是畏"的英译

此句的意思是"假如我稍微有了认识，就会按照'道'的原理来做，唯一担心的是害怕走了邪路"。Arthur Waley 的译文"He who has the least scrap（碎片）of sense, once he has got started on the great highway, has nothing to fear, so long as he avoids turnings."，把"大道"译成"the great highway"（第一章已有论述），可能是为了后面的 turnings。更有意思的是，他把"唯施是畏"译成"has nothing to fear, so long as he avoids turnings（只要不拐弯就没有什么可怕的）"，有点太直白了。许渊冲译成"Little as I know, I will follow the great way, only afraid to go astray（误入歧途）."，把"使我介然有知"译成了让步状语从句"Little as I know（尽管我知道得很少）"。辜正坤译成"If I have acquired a little knowledge, I will be afraid of going astray when I walk on the road"，符合原句，但从句与主句之间似乎没有必然的联系。我们译成"If I have acquired a little understanding of the world, I will do something according to the principle of the divine law. The only thing I am worried about is going the wrong way"，较好地阐释了老子的本意。

2. "服文采，带利剑，厌饮食，财货有余；是为盗夸" 的英译

对于此句的翻译，三位译者的理解一致，只是用词不一。Arthur Waley 译成 "They wear patterns and embroideries, carry sharp swords, glut themselves with drink and food, have more possessions than they can use. These are the riotous ways of brigandage（抢劫；土匪行为）"；许渊冲译成 "If lords are magnificently dressed, carrying precious swords, satiated with food and drink, and possessed for fabulous wealth, they may be called thieves and robbers."；辜正坤译成 "There are persons who are still dressed gaudily, wearing ornamented swords, satiated with fine food and drink, in possession of extravagant goods. They can be called the chieftains of robbers."。此句中，"服文采"是指"穿华美的服装"，Arthur Waley 译成 "wear patterns（花样）and embroideries（刺绣品）"，倒不失本意，蛮可爱的；许渊冲用了短语 "be magnificently dressed"；辜正坤则译成 "be dressed gaudily(俗丽地)"。对于"利剑"的翻译，Arthur Waley 译成 "sharp swords"；许渊冲译成 "precious swords（宝剑）"；辜正坤则译成 "ornamented（装饰用的）swords"。关于"厌"的翻译，Arthur Waley 用了 "glut（狼吞虎咽）" 一词；其他两位译者都用了 "satiate（使饱足，使厌腻）"。对于"盗夸"的翻译，Arthur Waley 译成 "the riotous（暴乱的，聚众闹事的）ways of brigandage（抢劫；土匪行为）"，虽然意思和原文相符，但指向不同。许渊冲翻译的 "thieves and robbers" 没能准确反映"夸"（即首领）的本意，辜正坤的 "the chieftains（强盗首领）of robbers" 更符合原意。我们则据上下文，译成 "However, some people were still wearing splendid clothes, carrying sharp swords, feasting on fine food, and searching for rare goods, so they may be called the heads of thieves and robbers."，更加通俗易懂。

新说

2017 年，学《道德经》让我写的字之多超过了以往任何年份。虽然辛苦，

但却乐在其中。这可能就是"介然有知"所引发的愉悦吧？

开始的时候并读不进去，觉得古汉语其实比英文还难理解。后来借助于译文、注释，再加上经常翻阅，对《道德经》的观点、思想加深了了解，并深深为老子的智慧所折服。例如本章的"大道甚夷，而人好径"。难道现在的中国人不还是这个样子吗？

与古代相比，现在的国库充盈了许多，国人富裕了很多，人们在穿衣吃饭的选择上也相当自由、洒脱，但国人对贫富悬殊加重也有着强烈的戒心和反感，尤其是看到贪官贪污的数额年年增高但又得不到严惩的时候更是深恶痛绝。

国人老喜欢说句话：此一时，彼一时。规则是死的，人是活的。中华文化的博大精深，造就了国人的无比"聪慧"。这样的聪慧让国人喜欢走捷径乃至邪径。为什么别人都走的是正道，而你可以走邪径？很多时候，是因为大家都没有遵守契约。走捷径、投机取巧、抄袭等行为本应受到鄙夷，但是却被国人曲解为聪明。在撑死胆大的、饿死胆小的社会背景下，种种畸形心理大行其道。很多人相信，只要能发财、成名、升官，就可以毫无底线地争抢，因为他们认为，抢到手就是胜利！坦白地说，在现代社会，没有契约意识与规则意识，民主制度会成为梦魇。

第五十四章

善建不拔

原文

善建者不拔，善抱者不脱，子孙以祭祀不辍。修之于身，其德乃真；修之于家，其德乃余；修之于乡，其德乃长；修之于邦，其德乃丰；修之于天下，其德乃普。故以身观身，以家观家，以乡观乡，以邦观邦，以天下观天下。吾何以知天下然哉？以此。

注释一

1. 抱：抱住、固定、牢固。

2. 辍（chuò）：停止、断绝、终止

3. 长（cháng）：尊崇。

4. 以此：用这、拿这。

英译

What Is Well Established Cannot Be Uprooted

What is well established cannot be uprooted,

and what is tightly held cannot slip away.

If the descendants can follow and adhere to this principle,

they will continue to survive.

Applying this principle to himself,

one will make his virtue true and pure;

applying this principle to his family,

he will make his virtue plentiful;

applying this principle to his village,

he will have his virtue respected by the villagers;

applying this principle to his state,

he will make virtue abundant all over the state;

applying this principle to the world,

he will make his virtue universal.

Hence, it is practical to judge others by examining yourself,

to judge other families by examining your family,

to judge other villages by examining your village,

to judge other states by examining your state,

and judge the world by examining the principle of governing the world.

How do I know what is going on in the world?

By employing the methods and principles above.

注释二

1. "善建者不拔" 的英译

　　这句话的字面意思是 "好的建筑者，他修建的建筑物不会因为基础不牢固而倒塌"。老子在这里用建筑的形象比喻 "建德" 的重要性，建德犹如打基础，基础越稳固修得越牢固，也就是 "善于建立自身道德的人不会动摇"。 Arthur Waley 译成 "What Tao plants cannot be plucked（拔）"；辜正坤译成 "What is well planted cannot be pulled out"。两位译者把 "建" 译成 "plant(种植)"，和原文有出入。许渊冲译成 "What is well established（建）cannot be rooted up

（根除）"符合原意。我们则译成"What is well established cannot be uprooted（连根拔起）"更形象更生动。

2. "家""乡""邦""天下"的英译

先看三位译者对应的翻译：许渊冲—"family""country""state""the world"；辜正坤—"family""village""state""empire"；Arthur Waley—"household""village""kingdom""empire"。不难看出，和其他译者不同，Arthur Waley 把"家"译成"household"，其义 "all the people (family, lodgers, etc) living together in a house 同住在一所房子里的人（家人、房客等）"和原文有出入。对于"乡"的翻译，许渊冲译成"country"，也未尝不可，但容易造成歧义。"state""kingdom""empire"的意思分别是：state（西方国家常用，指国家、政府）；Kingdom（王国、领域，界）；empire(帝国、帝权)。因而，把"天下"译成"empire" 不太恰当。我们则分别译成了"family""village""state""world"。

新说

以小见大，果然如此！立身处世的根基是修身。正人先正己，才能齐家。由家影响到乡邻四舍，带动周围的风气，扩大至友邦国家，自然无敌于天下。

老子运用逻辑推理的方法判断天下大势，真可谓"神机妙算"。如此由个人修身推及国家安定也只有圣人才能做得出来。这正是圣人之所以成为圣人的缘故吧？

如何修身？老子明示：善建者不拔，善抱者不脱，就是鼓励人们坚定信念，从小事做起，认真做好每件事，使自己成为行业的佼佼者，惠及子孙后代。

所谓修身，就如开车时我们把持方向盘。没有一个驾驶者会死死地把握住方向盘在一个固定不变的位置，而总是在持续不断的调整中前行。虽然是微调，但一定是在不断地修正方向。我们人生不正是如此吗？只不过我们在人生路上的修正，是采用给思想补充新知识的手段罢了。

修身使我们能立体、全面地看待一件事或一个问题，从而使这件事或这个问题在处理过程中更加理性和正确，使更多的人对你的处理方法都能口服心服，并且因此再去帮助他们周围的人，从而让更多的人得到益处或受到影响。

在修身历程中，最应注意的是不能独善其身，而应该不断地用行动去影响他人，使之与你一起为可为之事。

第五十五章

含德之厚

原文

含"德"之厚，比于赤子。毒虫不螫，猛兽不据，攫鸟不搏。骨弱筋柔而握固。未知牝牡之合而朘，精之至也。终日号而不嗄，和之至也。知和曰"常"，知常曰"明"。益生曰祥。心使气曰强。物壮则老，谓之不道，不道早已。

注释一

1. 赤子：刚生的婴儿。

2. 毒虫：指蛇、蝎、蜂之类的有毒虫子。

3. 螫（shì）：毒虫子用毒刺咬人。

4. 据：兽类用爪、足等攫取物品。

5. 攫（jué）鸟：用脚爪抓取食物的鸟。

6. 牝牡（pìn mǔ）：男性和女性。

7. 朘（zuī）：男孩的生殖器。

8. 嗄（shà）：噪音嘶哑。

9. 益生：纵欲贪生。

10. 祥：不祥。特指凶兆。

11. 强：逞强。

英译

A Man of High Virtue

A man of high virtue is like a newly-born baby.

The poisonous insect does not sting him,

the fierce beast does not hurt him,

and the ferocious bird does not fight him.

His muscles and bones are weak,

but his fists are firmly clenched.

Although he knows nothing about sex,

his little genital is raised abruptly

because he is full of energy.

He cries all day long,

but his voice is not hoarse

because his cry conforms to nature.

Knowing nature, one will be constant,

and those who know constancy are wise.

If you are greedy and indulge in lust,

you will suffer,

and the desire over spirit is sheer bravado.

Anything past its prime will decline,

which is conforming to the divine law.

If something does not follow the divine law,

it will soon die.

注释二

1."知和曰常，知常曰明"的英译

许渊冲译成 "Knowing nature, one will be constant in action, constant in action, one will be wise."；Arthur Waley 译成 "To understand such harmony is to understand the always-so. To understand the always-so is to be illumined."；辜正坤译成 "To know harmony is to know the law of unity, to know the law of unity is to know discernment." 此句中的关键词是"和""常""明"。"和"的意思是"和谐、协调、平衡"，可特指和谐的大自然；"常"是"长久，经久不变"，也可指事物的客观常规；"明"是"明智、高明"。各位译者的理解基本一致，用词不同。许渊冲对应的翻译是 nature（和）、constant（常）、wise（明）；Arthur Waley 译的是 harmony（和）、always-so（常）、to be illumined（明）；辜正坤则是 harmony（和）、the law of unity（常）、discernment（明）。我们则译成了 "Knowing nature, one will be constant, and those who know constancy are intelligent."。

2."益生曰祥；心使气曰强"的英译

对此句的意思，各位理解不太一致。生可养。不可益。也就是说，按照客观需要来满足自身的各项生理机能就是养生，超出了客观需求的范围则为"益"（难道此处"益"有"溢"的意思吗？）。老子说"物或益之而损，或损之而益"，因此益生往往会产生受损的结果。所以，"益生"可理解为"纵欲贪生"，而"纵欲"当然是不好的。那怎么还说是"祥"？查阅字典得知，"祥"还有"不祥"的意思，特指凶兆。"心"是指意志、欲望；"气"是气力，精力。精力受个人意志、欲望支配，为所欲为，叫作逞强。很显然，许渊冲译成 "A body full of life is good; a mind full of vigor is strong." 和原文有出入。Arthur Waley 译成 "But to fill life to the brim（边） is to invite omens. If the heart makes calls upon the life-breath, rigidity（固执）follows."，前一句基本符合原意，后一句中，把"心"

译成"heart"；把"强"译成"rigidity"，显然没有真正理解老子的本意。辜正坤译成"To indulge（纵情于） in sensual pleasures is to look for disasters; to let virility（男子气） driven by desires is to give free rein to strength."符合原意。我们译成了"If you are greedy and indulge in lust, you will suffer, and the desire over spirit（欲望控制了精神） is sheer（纯粹的） bravado（逞能）."，更贴合原意。

新说

婴儿在襁褓中安享母乳、睡眠，一切忧患不能靠近他，与外物以天性相对待，各种害兽不去伤害他。老子说毒虫不螫赤子。他的意思是，具有深厚修养境界的人能返回到婴儿般的纯真、柔和。婴儿处于无私无欲的生理状态，无贪争之念，无相害之心，不会威胁到其他生物的存在和发展，所以就没有竞争对手来加害他。因此，老子说毒虫不螫赤子，意思是顺应自然的人没有危险。

刚刚出生的孩童，无疑是最纯朴、最善良的，因为除了一些本能的需求之外，他们没有其他的欲望。无欲则真，无欲则善，无欲则刚。然而，这样的状态又能持续多久呢？

社会是一个大染缸。沉浸在这个染缸里，有多少人能做到五毒不侵呢？德（良心）确实是个奇妙的东西。具体描述出来，德就是为人处世的准则。不过它一定是带有人类原始状态的纯真与善良。在外界的诱惑与自身的良心发生冲突的时候，要看哪一方能占上风。有时候，善恶好坏就在一念之间，有时候却又十分难以决断。故有"拷问良心"之语。

在《道德经》中，老子多次谈到"和"字，至少有三处应予重视。一为"和其光"（4章，56章），二为"冲气以为和"（42章），三为"终日号而不嗄，和之至也"（55章）。它以"和光"与"冲气"与"婴儿"来说明"和"，都是在谈统一，都是在谈"混成"的状态。当光射到了物件的时候，有射到的一面与射不到的另一面，"和其光"是把两者统一起来，回复到"明"的"混成"的状态。"冲气"是万物的开端，万物含有负阴、抱阳的两方面，两者经常是统一的，表现出用之不盈无所不入的作用。婴儿是人的开端，少年、壮年、老年都以之为起点，但婴儿混沌无知，与天地之和合而为一。"和"所表示的统一，包含着对立在内，是有永恒性的，所以说"知和曰常"。

需要注意的是，本章中出现的"祥"字令我颇费心机。经查询方知，古时这个字既可以表示吉祥，也可以表示妖祥、不详。两个意思完全相反，只能根据上下文去理解。而这里即为后者，指灾祸、妖孽。

第五十六章

知者不言

原文

知者不言，言者不知。塞其兑，闭其门；挫其锐，解其纷；和其光，同其尘，是谓玄同。故不可得而亲，不可得而疏；不可得而利，不可得而害；不可得而贵，不可得而贱；故为天下贵。

注释一

1. 知：通"智"，聪明、智慧。

2. 挫（cuò）：挫伤，折伤。

3. 和（hé）：收敛。

4. 贵：尊重。

英译

Those Who Know Do Not Speak

A wise man does not speak much,

while a talker does not know much.

Blocking the holes of lust,

closing the doors of desire,

blunt its own sharpness

eliminate its own trouble

soften its own glare

mix itself with dust

each of which implies a profound state in line with the mysterious law.

People who are mingled with the mysterious law

have gone beyond the scope of

closeness, interest and nobleness,

so they are respected by the people all over the world.

注释二

1. "玄同"的译法

许多译本对"玄同"的理解和译法不尽相同。何为"玄",又何为"同"呢?玄即为"神秘法门",所谓"同"即与神秘法门同一。许渊冲将"玄同"译为"be one with the mysterious law";辜正坤将其译为"subtle identification","subtle"意为"微妙,难以捉摸","identification"则为"认同";Arthur Waley 将其译为"mysterious leveling"即神秘的水平或高度,在理解上确实有些"玄"。我们认为所谓"玄同"即是"与神秘之法融合为一"之意,译作"a profound state of being one with the mysterious law"。

2. "亲疏""利害""贵贱"的译法

常见译本对"亲疏"、"利害"、"贵贱"的理解不存在太大的分歧,但是各家的翻译手法各不相同。许渊冲以名词主打:"亲"则为友,"疏"则为敌——be your friend or foe,而"利害"为"good or harm","贵贱"取动词"honor and debase";辜正坤则以不定式为主打:"亲疏、利害、贵贱"则译作"to be friend、to estrange、to benefit、to harm、to honor、to debase";Arthur Waley 以过去分词结构为主,"亲疏"译"be drawn into friendship or repelled","利

害"译"be benefited, be harmed", "贵贱"译"be raised or humbled"；
我们的译法取其意义，简洁明了，"beyond the scope of closeness, interest and
nobleness"即超出亲（疏）、利（害）、贵（贱），这样抛开复杂结构，更易
于读者理解其意。

新说

什么人能做到天下贵？圣人！圣人是什么样子的？关于圣人有这样一种说
法：圣人是属于无知、无欲、无己、无求、无悲、无喜、超然于世，但又事事
洞达、通幽习变、见微知著的一类人。从这个意义上说，人类有真正意义上的
圣人吗？

孔子的时代，出现了那么多"子"，每个人都创立一种学说，自以为寻着
了真理，自信如果被施行之后就可以救国救民。他们大多广收门徒，聚众讲授。
每个人的门徒都说自己的先生是圣人。那时的圣人并不算高贵，依庄子的说法，
圣人上面，还有天人、神人、至人。圣人被排在了第四等。在当时，只要是聪
明通达的人，都可以被称为圣人，可见当时"圣人"并不神圣。诸子的门徒都
称他们的先生是圣人，就像现在称老师一样，孔子门徒口中的"孔圣人"，在
当时也就相当于"孔老师"，并没有顶礼膜拜的意思。

在本章中，老子提出"知者不言，言者不知"，我以为不尽然。事实上，
在信息发达的今天，"知者不言"已经不被提倡，反而是倡导有新发明、新思
想尽快发表出来与大家分享，大家才承认你的专利或者知识产权。

不过，大家对一些不懂装懂或者不甚精通的所谓专家是抱有抵触情绪的。
中央电视台让于丹出了名，但据说在北京大学的一次活动中，于丹却被观众轰
下台。这说明于丹远没有达到"天下贵"的程度。

这里面有没有"同行相轻"的因素呢？既然中央台都约于丹讲《论语》，
足以证明她在该领域有相当的造诣。有不同的观点、思想，可以摆出来辩论。
出现这种情况一定有不可示人的背景吧？

现在的网络大 V 更是生怕网民不知道他是谁，经常搞些哗众取宠的勾当赚得人气，实为"天下贱"！

苏格拉底说过：上天赐人以两耳两目，但只有一口，欲使其多闻、多见而少言。

第五十七章

以正治国

原文

> 以正治国，以奇用兵，以无事取天下。吾何以知其然哉？以此：天下多忌讳，而民弥贫；人多利器，国家滋昏；人多伎巧，奇物滋起；法令滋彰，盗贼多有。故圣人云：我无为，而民自化；我好静，而民自正；我无事，而民自富；我无欲，而民自朴。

注释一

1. 正：此处指无为、清静之道。

2. 奇：奇巧、诡秘。

3. 滋：更加。

4. 伎（jì）巧：技巧、智巧。

5. 奇物：邪事、奇事。

6. 自化：自我化育。

英译

Win the World by Doing Nothing Wrong

It is preferable to govern the state in a way of inaction and serenity,

to use troops in a clever and secretive way,

and conquer the world without disturbing the people.

How do I know this is the case?

Because the more taboos there are in the world,

the more people are trapped in poverty;

the more sharp weapons the people have,

the more chaos the state will fall into;

the more skillful the people are,

the more evil and abnormal the things will become;

and the stricter the laws are,

the more thieves there will be.

Therefore, the wise sage says,

if I do nothing, the people will cultivate themselves;

if I am quiet, the people will not be warlike;

if I do not trouble the people, they will be naturally rich;

if I have no desire, the people will be natural and simple.

注释二

1. "以正治国"的英译

何为"正"？正确理解"正"是准确翻译"以正治国"的关键。许渊冲将"正"理解为"in an ordinary way"，"以正治国"译作"Rule the state in an ordinary way"。辜正坤将"正"理解为"peace and inaction"，故"以正治国"译作"Rule the state with peace and inaction"。Arthur Waley 将"正"理解为"rules are kept"，"以正治国"译作"Kingdoms can only be governed if rules are kept"。而我们将"正"理解为"inaction and serenity"，即"清静无为，不扰民事"，"以正治国"自然被译为"govern the state in a way of inaction and serenity"。

2. "无事"的英译

"无事"和"无为"在《道德经》里意义相近，但是在不同语境中还是有细微差别的。"无为"几乎可以说是老子最重要的主张，第二章注释中已经辨析过，此处不做赘述。就"无事"而言，许渊冲将其理解为"doing nothing wrong"即"不做错事"，意指"无事"并不是什么都不做，而是做正确的事。辜正坤将"无事"译为"not troubling people"，即不扰民；Arthur Waley 将"无事"译作"letting alone"即不干扰。我们的理解与辜正坤的译本更相近，"无事"取意"不扰民"即"without disturbing the people"。

新说

关于治国，我认为老子重要的主张表现在两个方面。一个为"正"，另一个是非常著名的"无为"。这些二千多年前由老子及道家学者思想中的精髓凝集而成的珍珠，即使在今日也仍然具有强烈的现实意义。

所谓"正"的治国理念，正是"以正治国，以奇用兵，以无事取天下。"这寥寥数语体现出来的，即是这位古代圣人的重要的治国之道。

"以正治国"这四个字，包括了老子所提倡的君主治理国家的所有劝告或者主张。在这里，老子告诫所有的治国之君，治国要有正当途径，要正直，不可搞歪门邪道，要按照法治来行事，建立出稳定的社会秩序。

而"无为"更是贯穿在《道德经》中关于治国理念的始终，是"以正治国"的大前提大背景。在老子生活的时代，人民日出而作，日落而息，自给自足，一切顺乎自然地进行。而统治者一旦有"为"，或是为修建奢华的宫室而催逼苛重的税赋，或是为发动吞并他国的战争而抓壮丁充军。这样的"为"会令百姓遭殃，社会动荡。反之，此时的"无为"则会令人民在安宁的社会里有规律地生活。因此，"无为"的意思是说统治者行为要按照自然、社会的发展规律去决定相应的法律、制度而且不随便更改，让人们在这样的法律、制度下尽情发挥自己的聪明才干，努力去做。

由此我联想到，中国如果不改革开放，还是像"文革"期间那样被条条框框所束缚的话，老百姓的日子肯定会很难过。邓小平的伟大之处就在于解除了套在国人身上的精神枷锁，不再讨论姓社姓资，以猫论为指导，把经济发展放在第一位。在中国这样一个人口多、教育程度落后、国民素质偏低的国度，控制武器被私人持有是相当英明的决策，切实保证了百姓的平安。在我看来，这就是"以正治国"。

还有 20 世纪八十年代实行的"包产到户"政策。土地分到农民手里，让农民自己决定种什么、什么时候出工、施肥、浇水、打药等等，结果使得农民的种地积极性大爆发。我以为这就是"无为而治"的典型例子。

不过，在一个充满竞争的世界里，不动脑子，没有真功夫，不掌握独门绝技，是不可能跟上社会发展的，更不用谈领先。当然，提倡技巧也使得一些人剑走偏锋，为一己之利走歪门邪道，对国人带来了不可挽回的影响。国家确实应该两手抓，在鼓励技术进步的同时，立法限制一些技术的滥用。由此可见，"无为而治"实在是很难做到的。但是，法律的健全对消除不良现象大有好处，西方的经验已经验证。

第五十八章

福祸相依

原文

> 其政闷闷，其民淳淳；其政察察，其民缺缺。是以圣人方而不割，廉而不刿，直而不肆，光而不耀。祸兮福之所倚，福兮祸之所伏。孰知其极？其无正也。正复为奇，善复为妖。人之迷，其日固久。

注释一

1. 淳淳：淳朴厚道。

2. 缺缺：狡黠、抱怨、不满足。

3. 方而不割：方正而不割伤人。

4. 廉：锐利。

5. 刿（guì）：割伤。

6. 其无正也：正，标准、确定；其，指福、祸变换。

7. 正复为奇，善复为妖：正，方正、端正；奇，反常、邪；善，善良；妖，邪恶。

英译

Fortune and Misfortune Live Together

If those who govern are generous and incorruptible,

the people will be simple and loyal;

if those who govern are harsh and corrupted,

the people will be cunning and deceitful.

Therefore, the sages who follow the divine law are

upright and kind,

sharp but not harmful,

straightforward but not conceited,

bright but not dazzling.

Misfortune is what fortune depends on,

and fortune is where misfortune lies.

As there are no established standards,

who knows whether it is disaster or happiness?

Extremes meet and what is good may suddenly be transformed into evil,

about which people have been confused for a long time.

注释二

1. "闷闷""淳淳""察察""缺缺"的英译

　　这四个叠词的英译最大差别存在于对其意不同的理解。许渊冲译本将 "闷闷"译为"lenient"，即"宽大、仁慈"；"淳淳"译为"simple"，即"简单质朴"；"察察"译为"severe"，即"严厉苛刻"；"缺缺"译为"a lack of freedom"，即"缺少自由"。辜正坤的译本中"闷闷"译为"magnanimous"，即"宽宏大量"；"淳淳"译为"simple"，用词和许渊冲相同；"察察"译为"harsh"，即"严厉无情"；"缺缺"译为"cunning"即"狡猾"。我们的译本将"闷闷"理解为"慷慨廉洁"，取词"generous and incorruptible"；"淳淳"理解为"质朴、忠诚"，取词"simple and loyal"；"察察"理解为"严厉、腐败"取词 "harsh and corrupted"；"缺缺"理解为"狡猾、善欺"，取词"cunning and deceitful"。Arthur Waley 在其译本中把"闷闷"译为"depressed，压抑，克制"，"淳淳"译为"happy and satisfied，高兴、满意"；"察察"译为"lively and self-assured，活泼、自信"；"缺缺"译为"carping and discontented，挑剔、不满"。是不是这个理解与以上的三种译文大相径庭？

2. "祸兮福之所倚，福兮祸之所伏"的英译

福祸相依几乎已经成了现代人对正反矛盾相互转化的辩证看法的最常见表达。人们对"祸兮福之所倚，福兮祸之所伏"理解基本不存在分歧。许渊冲译作"Weal comes after woe, woe lies under weal"，"福"选译为"weal"，即"福利"，"祸"选译为"woe"，即"悲痛"，总之，选词生偏。辜正坤将其译作"Disaster hides itself behind good fortune. Good fortune leans against disaster"，即"灾难隐藏在好运中，好运依附于灾难"。Arthur Waley 将其译作"It is upon bad fortune that good fortune leans, upon good fortune that bad fortune rests."，属于字面直译。我们将其译作"Misfortune is what fortune depends on, and fortune is where misfortune lies"。用词直接，不易发生歧义。

新说

"祸兮福之所倚，福兮祸之所伏"让我想到了老子的辩证法思想。

道是《道德经》中的核心概念，老子正是以道为核心构建起了他的思想体系，也构成了老子辩证法思想的理论基础。

老子最杰出的贡献是发现了事物之间的对立统一规律，即矛盾。老子从自然现象和社会现象中觉察到了对立统一规律，比较系统地揭示出事物的存在是相互依存的，而不是彼此孤立存在的。在《道德经》一书中运用了有无、美丑、难易、长短、高下、虚实、强弱、动静、阴阳、巧拙、正反等约 80 对矛盾范畴来描述事物间对立关系的普遍存在。

老子不仅看到了矛盾的双方对立统一表现，还对矛盾双方的关系进行了阐

述。在本章中，老子说了这句被后世广为传颂的名言："祸兮福之所倚；福兮祸之所伏。"从祸福的转化来说明矛盾的转化、祸中有福、福中有祸、祸福都能向自己的对立面转化。

在老子的辩证法思想中，还提出了事物有一个由易到难、由小到大的变化发展过程，模糊地猜测到了量变转化为质变的辩证关系。他在六十四章中说："其安易持，其未兆易谋；其脆易泮，其微易散。为之于未有，治之于未乱。合抱之木，生于毫末；九层之台，起于累土；千里之行，始于足下。""图难于其易，为大于其细。天下难事必作于易；天下大事必作于细。是以圣人终不为大，故能成其大。"这里老子认识到，处理困难的事就要从容易的地方着手，做大事就应从小事做起。

在《道德经》中，老子指出当事物的发展变化到一定程度，就会出现一个"正点"，即极限——"度"，告诫人们要掌握好事物的"正点"，极限——"度"。在这里老子不仅对具体事例作了一般现象的描述，还进一步探索了事物从正面走向反面、从量变到质变过程中所存在的"极端"与"正点"问题。因此老子说："孰知其极？其无正也。正复为奇，善复为妖。"可见这个问题的重要性。

时至今日，时代不同了，有许多东西都已经改变。如现在国家或地方政府要推行什么政策，一定先昭告天下周知，绝对不能"知者不言"。而且，现在任何一届政府必须励精图治，绝对不能碌碌无为。

然而，有些东西是永远不会改变的。如福祸之转换。尽管有时祸不单行，但也有时塞翁失马焉知非福。最简单的例子是某人体检发现有病。有病的确是祸，因为除了痛苦之外还要花费大量的钱财才能保命，但若因此能使寿命得以延长，能不算是命大吗？能不算是福大吗？

第五十九章

治人尚啬

原文

> 治人事天，莫若啬。夫为啬，是谓早服；早服谓之重积德；重积德则无不克；无不克则莫知其极；莫知其极，可以有国；有国之母，可以长久；是谓深根固柢，长生久视之道。

注释一

1. 啬（sè）：爱惜、保养。

2. 早服：早做准备。

3. 克：胜任。

4. 极：达到顶点、最高限度。此处引申为力量。

5. 柢（dǐ）：树木的根。此处引申为基础。

英译

To Rule People, Nothing is Better than Frugality

Nothing is more important than frugality

as to governing the people and the state.

Only by means of frugality can we prepare early;

to prepare early is to constantly accumulate virtue;

if one constantly accumulates virtue,

he can conquer anything;

if he can conquer anything,

it is impossible to measure his strength;

with his immeasurable power,

he can shoulder the important task of governing the state.

with the principle of governing,

the state can enjoy long-term stability.

As it is deep-rooted, the state can last long,

which conforms to the law of permanent existence.

注释二

1．"啬"的英译

对"啬"理解上的细微差异，使得不同译本存在着不同的表达方式。我们和许渊冲一样，皆将"啬"理解为"节约、节俭"，取词"frugality"。而辜正坤则将"啬"理解为"节省精力"，故译作"stint vitality"。而 Arther Waley 用词较为特别，将"啬"译作"laying up a store"，即"存储某物以备未来之需"。虽然各译本用词不同，但基本上对"啬"包含的"节约、节省"之意达成共识。

2．"早服"的英译

对"早服"理解上的偏差使得不同译本译法不同。许渊冲将"早服"译作"conform early to the divine law"，即"早日遵从道，符合道"。Arthur Waley 则将"早服"译作"quickly absorbing"，即"快速吸收"。辜正坤和我们的译本将"早服"理解为"早做准备"，辜正坤取词"early preparation"，而出于表达结构的需要，我们将其译为"prepare early"。

3. "国之母"的英译

什么是"国之母"呢？我们的看法与辜正坤先生基本一致，即"治国的原则"，故皆译作"principle of governing"；而许渊冲采用了直译为"a state called one's motherland"，即"被称之为祖国的国家"，是说人民对国家有深厚感情，视国为母。Arthur Waley 的理解差别较大，"国之母"在他的译文中被译作"he who having the kingdom goes to the Mother"。

新说

本章是入道修德的关键，但是"啬"字争议甚大。

从整体来看，本章也是在说明一个君王如何一步一步地用道来治理天下，但是关键在于起点，而这个起点就是一个"啬"字。能从"啬"字做起，就可以早得道，就可以有德，就可以积德，就可以无不克，就可以有国。

但如何理解"啬"字的本义呢？我手头的资料就有好几种释义，而且各有论据，比如：农业、养护精神、节俭等等。认真思考之后，我断定还是许渊冲英文译本中对"啬"的理解更准确，即"节俭"。

弄明白了"啬"字的含义及其对人生的影响，顿有"醍醐灌顶"之感，忽然意识到自己的生活已经离"简朴、节约"有一段距离了。总想着涨工资、住别墅，一心想换高档车，这一定是深受西方思想"毒害"而变质了。

老子说的道理核心在于"唯啬，长生久视之道"。我觉得这与现今社会提倡的"保护环境、节约资源"属于相近的观点。

造成环境灾难的原因是多方面的，但人类的贪欲应该排在首位。人，总是把过上好日子列为奋斗目标，这就导致了不择手段与攀比的心理。虽然由此也诞生了许多伟大的发明，但大多数是与自然之道逆向而行的，后果即是对自然的破坏。

人与人比，必须斗；国与国比，不得不战！都是贪欲得不到满足所致。

第六十章

以道治国

原文

治大国，若烹小鲜。以道莅天下，其鬼不神，非其鬼不神；其神不伤人，非其神不伤人。圣人亦不伤人。夫两不相伤，故德交归焉。

注释一

1. 小鲜：小鱼。

2. 烹（pēng）：煮。

3. 莅（lì）：治理、管理。

4. 神：灵验、起作用。

英译

Rule the State with the Divine Law

Governing a big state is like cooking small fish.

If the state is governed with the divine law,

ghosts and spirits will not come out to haunt,

not because the ghosts lose their power,

but because they can not hurt people,

nor will the sages hurt people.

In this way,

the people can enjoy the benefit of virtue.

注释二

1. "神" 的英译

《系辞上》语 "阴阳不测之谓神",即对无法形容,无法预测,玄而又玄的未知事物不知道如何称谓它的时候,称之为 "神"。而本章中提到 "其鬼不神",那么这里的 "不神" 作何解释呢?许渊冲的译本中 "不神" 译为 "lose their supernatual power",即 "神" 被译作名词 "power"。辜正坤的译本中 "不神" 译作 "become harmless",即 "变得无害";而辜正坤将 "其神不伤人" 中的 "其神" 译作 "their potencies" 即 "他们的力量"。Arthur Waley 的译本中 "不神" 和 "其神" 中的 "神" 都译作 "power"。我们的译本同样使用 "power" 一词表达 "神"。综上所述,辜正坤译法仿佛是表达 "结果",其他译本皆在表达 "不神" 的 "现象"。

2. "夫两不相伤,故德交归焉" 的英译

译者认为所谓 "夫两不相伤,故德交归焉" 是指 "鬼神和有道的圣人都不伤害人,就可以让人民享受到德的恩泽。",故译作 "because they (ghosts and spirits) cannot hurt people, nor will the sages hurt people. In this way, the people can enjoy the benefit of virtue."。许渊冲译作 "Since neither will harm the other, so virtue belongs to both",即 "两者都不会伤人,因此两者都是有德之人"。辜正坤和我们的理解极其相近,表达为 "both sages and ghosts help the people to enjoy the benefit of virtue",即 "圣人和鬼神都帮助我们享受的恩泽"。Arther Waley 译作 "Each being saved from harm, their powers could converge a common end." 即 "圣人和鬼神都会不受伤害,他们的力量向着共同的目的汇集。" 和上面的三个版本相比,意思都变了。

新说

费尔巴哈在《宗教的本质》中说："神的崇拜只不过是自我崇拜的一个现象。"这个很好理解，诸神存在的基础正是人类的依赖感——人类依靠并且感觉到自己依靠那些东西而存在。如果人们轻视自己的生命，认为生命是不值一提毫无价值的，便不会去赞美和崇拜生命所依靠的东西。就好比如果考试变得无足轻重，谁还会去参拜供奉专司考试的文殊菩萨呢？因此人们将自己的生命价值看得越高，神的价值也就越高。对神存敬畏之心，实质上是对自己的生命及生命赖生存、发展的大环境的尊重。对鬼存敬畏之心，大概同理。

"烹小鲜"的意思主要有两层：一是备料的时候要尽量保持原料的完整，把调料的比例控制好，还要把握好火候；二是中间不要搅动，否则海鲜就容易碎掉，产生一锅烂菜。

现在有些领导似乎比习大大都忙，事必亲力亲为，反而让下属不敢为，只能事事请示报告，影响了工作效率。做不好要挨批挨骂，做好了是领导的功劳，是领导指导有方，很难让下边的人放开胆子做事。

那么，自己能干的领导是好干部吗？毛主席说自己就做两件事：一是出主意，二是抓干部。邓小平也表达了同样的意思。项羽个人很厉害，特别有本事，却输给了一个凡事不能但会用人的刘邦。诸葛亮可是天底下最能干的人，但死后其服务效劳的国家也没有停留多久就灰飞烟灭。自己累死却没有落好，为什么？

想想任正非，领导庞大的华为集团，攻城略地，做到了世界第一。看看他的讲话，就像听哲学家在讲学。这不正是华为成功的奥秘吗？

第六十一章

大者宜下

原文

大邦者下流，天下之牝，天下之交也。牝常以静胜牡，以静为下。故大邦以下小邦，则取小邦；小邦以下大邦，则取大邦。故或下以取，或下而取。大邦不过欲兼畜人，小邦不过欲入事人。夫两者各得所欲，大者宜为下。

注释一

1. 下流：众水汇集处。
2. 交：会集、会总。
3. 下：谦下。
4. 入事人：求于人。

英译

A Large State Had Better Take a Lower Position

Just like the lowest reaches where all rivers meet,

a big state should play the role of a female.

Female tenderness is often better than male strength by being quiet,

because the former takes the lower position.

Therefore, if a big state is modest and tolerant to a small state, it can gain the trust and dependence of the small one;

if a small state is modest and tolerant to a big state,

it can be tolerated by the big one.

Therefore, either the big state gains the trust of the small state by being modest,

or the small state is humble to the big state and tolerates it.

A big state should not try to rule a small one too much,

and a small state should not try to obey a big one too much.

Thus, the two sides get what they want respectively,

and the large state had better take the lower position.

注释二

1. "以静为下"的英译

"以静为下",何为"静"？何为"下"？许渊冲将"以静为下"译为"laying still by taking a lower position", "静"选词为"lay still", "下"的取词为"take a lower position", 其"大邦以下小邦""小邦以下大邦"中的"以下"都采用了"take a lower position"的相同译法。辜正坤的译法与许渊冲相近, "静"译作"motionlessness", "下"译作"take the lower position"。Arthur Waley译法与以上两者不同, "以静为下"译作"by quiescence gets underneath"。在我们的译文"以静为下"中, "静"译作"being quiet", "下"译作"take the lower position", 而"大邦以下小邦""小邦以下大邦"中"下", 我们则采取意译, 将其译为"be modest and tolerant to", 这样更易于读者明白其意, 并且也更符合英语的表达习惯。

2. "大邦不过欲兼畜人""小邦不过欲入事人"的英译

基于译者理解视角的不同, "大邦不过欲兼畜人""小邦不过欲入事人"

的英译各有千秋。许渊冲将其分别译为"A large state will only rule and protect（大邦不过欲兼畜人）""a small state will be ruled and protected（小邦不过欲入事人）"，其中将"不过"理解为"only"，"欲"用情态动词"will"表达。即两者存在统治与被统治、保护与被保护的关系。辜正坤则将其译作"The large state wants to put the small one（state）under its protection（大邦不过欲兼畜人）""The small state wants be shielded by the large one（小邦不过欲入事人）"，其中的"不过"没有专用译词，"欲"用"want"表达。Arthur Waley 的理解和翻译非常有意思，他从人口就业的角度来理解，译作"What large countries really need is more inhabitants; And what small countries need is some place where their surplus inhabitants can go and get employment."。我们的译本的最大不同是将"不过欲"理解为"不要过于（not...too much）"，故整句译作"A big state should not try to rule a small one too much, and a small state should not try to obey a big one too much."。

新说

老子一句："大邦不过欲兼畜人，小邦不过欲入事人。夫两者各得所欲，大者宜为下。"令我想到了唐代万国来朝的景象，不由地感叹中华文化的博大精深。

一个国家能否做领袖，其实与一个人能否成为领袖，道理都是相通的。其根本原因就是强大的硬实力。

1. 财大气粗。单看唐朝农业两个硬指标：土地和人口。开国田亩、户口只有隋朝七分之一的大唐，发展到鼎盛年代，户口数高达九百万，耕地突破六百二十万顷。中国历史上最强，也是世界最强！

2. 制造业很强大。大唐有发达的手工业，不单规模强大，生产区的覆盖面更广，专业城市极多，全是领先世界的技术和产量。

3. 军力强悍。一个国家的财大气粗，是做领袖的本钱，但仅财大气粗却缺少血性，非但做不了领袖，反而会被当作肥猪来宰。大唐在这件事上，原则从来一样：谁敢宰大唐，反过手来就宰你到狠。这样一个王朝，自然担当得起领袖的身份！

4. 负责任。大唐是一个富有魅力，且敢于担当责任的大国。我们从今天日本的古建筑上，就可看到唐朝曾经强大的文化影响力，甚至在阿拉伯人的游记典籍里，满篇记录的除了唐朝的经济富庶，更有唐朝的民生国策，都令当时的列国神往。

几千年过去了，大邦、小邦的关系没有任何变化，可是大邦不一定居下流才可以纳百川了。如现在的美国。

不知为什么，一想到美国，我就想到了黑社会。组织里有带头大哥，领着一帮子兄弟打拼。大哥善于谋划，为成员提供衣食；小弟围在大哥周围，随时听命令冲锋陷阵。美国就是这位带头大哥，日本、韩国、英国等就是小兄弟。多么生动的一幅画面！有美国罩着，日本可以挑衅中国。新大哥一上台，日本首相就屁颠屁颠去巴结。但美国大哥说他要撤，可吓坏了各地的小兄弟。可是，为什么美国有那么多盟友（兄弟）呢？

第一，历史与宗教原因。自 16 世纪初以来，欧洲长达几百年争霸都是以结盟方式进行的。从最早的三十年战争（1618—1648）开始，一直到冷战后的北约，都是以结盟方式存在。欧洲争霸而结盟的传统也传递给了美国。美国取代英国当上基督教国家老大后，首先通过北约控制了其他国家，第一次成为组织盟主。

第二，基于零和思维的向外求。基督系统内部实力不够，必须向外求，而向外求必须采取结盟方式才能取得成功。美国基于零和思维导致不容许被其他国家超越，于是尽力维护其绝对优势与绝对安全尤为重要，而要做到这种绝对优势与绝对安全，单靠自身有限力量同样无法取得成功，利用盟友牵制其竞争对手不失为一种损人利己手段。这就是美国在亚洲拉帮结派遏制中国的原因。

与此相反，中国采取不结盟的政策。主要原因也有两个：

第一，中心发源地实力强大。中国扎根中心发源地，实力特别强大，如果它再与周边国家结盟，也不会给他增加多少力量，反而会导致系统失衡，并因此可能出现偏爱。

第二，中国向内求。向内求不仅是中国强大的标志，也是中国不向外扩张与侵略的原因。既然不向外求，那就要做好自己的事情。其他国家是无法帮助中国做好事情的，因此结盟对中国就没有了意义。不向外求，当然也就没有必然与他国争霸。不争霸又何需盟友帮忙？

近代以来，中国只是在国家处于危险时才结盟，如二战时结盟，20世纪50年代中苏结盟。一旦国家进入正常状态，就不再结盟，而且这种结盟完全是防御性的，与美国结盟带有进攻性的性质完全不同。

第六十二章

美行加人

原文

道者万物之奥。善人之宝，不善人之所保。美言可以市尊，美行可以加人。人之不善，何弃之有？故立天子，置三公，虽有拱璧以先驷马，不如坐进此道。古之所以贵此道者何？不曰：求以得，有罪以免邪？故为天下贵。

注释一

1. 奥：藏，含有庇荫之意。

2. 保：保持。

3. 市：求取、换来。

4. 三公：古官名。周以太师、太傅、太保曰三公。

5. 拱璧以先驷马：拱璧，指双手捧着贵重的玉；驷马，四匹马驾的车。古代的献礼，轻物在先，重物在后。

6. 坐：不动，即"不为"。

7. 进：修习、参悟。

8. 求以得：有求就得到。

9. 邪（yé）：同"耶"，疑问词。

英译

Good Behavior Can Help Win Followers

The divine law is the shelter to all things;

the good people cherish it,

so do the bad people.

Good words can be exchanged for respect from others;

good behavior can help win followers and their appreciation.

How can an unkind person abandon the divine law in order to survive?

Therefore,

when the emperor ascended the throne and appointed the three ministers,

it would be better to dedicate the divine law to them

though there was a ceremony of offering jades and horses.

Since ancient times,

people have valued the divine law highly

because their weeds for shelter from it

can be surely fulfilled,

and they will be forgiven by it despite their crimes.

Therefore, the world cherishes the divine law very much.

注释二

1. "三公"的英译

"三公"是古代地位最重要的三个官职的总称，据《周礼》记载，春秋时期的三公指太师、太傅、太保三职。 我们的译本和许渊冲译本将"三公"译作"three ministers"取意"部长级中的前三位大臣"。辜正坤将"三公"译作"three ducal ministers"，取意"公爵级大臣"，离春秋时期的三公所指，寓意有点过于异域。Arthur Waley 则将"三公"译为"three officers of State",取意"美国州立级别的最高官员",四家译文各有千秋。

2."驷马"的英译

人们常说的"君子一言,驷马难追",其中"驷马"是指套在古代高车上的四匹马。许渊冲将"驷马"译作"a chariot of four steed",取意"由四匹马拉的双轮马车"。辜正坤和 Arthur Waley 译作"a team of four horses",即"四匹马构成的马队"。我们的译本为了便于更多读者理解,将"驷马"译为"horses"。

新说

我本来十分欣赏 Good words can be exchanged for respect from others,但随着年岁的增长我愈来愈发现能说会道是一个很大的优点。一门心思干活,不善于表达自己,将永远把自己定位于一个实干家而可能失去一些成为"领导"的机会。

当然,我理解的"美言"是赞美别人。每人都喜欢得到别人的肯定与欣赏,一个总是挑剔别人毛病的人是不容易找到朋友的。有时候,基于事实的赞美会使人心悦诚服,而基于讨好心理的"马屁"会令人厌恶。

判断一个人的品德绝不能只看他如何说,主要看他能否说到做到,而且看他做的一切是否合乎"道德",否则,怎么能算得上"美行"呢?

断定一个人是"善"或"不善",要看他做的事是属于一时无知所犯下的错误还是深思熟虑后所实施的恶行。我想"道"保护的是前者,而非后者。如果后者得不到应有的惩罚,那就不合乎"道"了。

美行得不到赞美,恶行得不到惩罚,所以才有冤案的存在啊!

第六十三章

圣人无难

原文

为无为，事无事，味无味。大小多少。报怨以德。图难于其易，为大于其细；天下难事，必作于易；天下大事，必作于细。是以圣人终不为大，故能成其大。夫轻诺必寡信，多易必多难。是以圣人犹难之，故终无难矣。

注释一

1. 大小多少：大生于小，多起于少。

2. 图：计划。

3. 大：大的成就。

英译

The Sage Has No Difficulties

Do something with an inactive attitude,

deal with things in a non-troublesome way,

and regard the tasteless as tasteful.

No matter how much others resent you,

you should do things with virtue.

To solve problems,

we should start from their easy parts;

then achieve the lofty goals,

we should start from their subtle parts;

The difficult things must start being solved from the easy parts,

and the great events must start being achieved from the small parts.

Therefore, the sages with the divine law

do not desire for great contributions,

so they can do great things.

Those who make promises easily are rarely able to keep them.

If you take things too easily,

you are bound to suffer a lot.

Therefore, the sages who follow the divine law always value difficulties,

and so, they have no difficulties.

注释二

1. "味无味"的英译

对"味无味"的不同理解导致译文的不同。许渊冲将其译为"take the tasteful as if it was tasteless",即"品尝有味的东西当作没有味道来对待"。辜正坤将其译为"taste by means of tastelessness",即"用无味的方式来品尝"。Arthur Waley 将其译作"Finds flavour in what is flavourless",即"在无味的东西里发现味道"。我们的译本译作"regard the tasteless as tasteful",即"将无味的东西当作有味道"。在这四种译本中,许渊冲和辜正坤的译法相近,即"品尝有味道的东西,假装它没有味道"。而 Arthur 和我们的译本则表达了"在无味中寻找味道",和前两者相比,差异还是很大的。

2．"夫轻诺必寡信"的英译

虽然各个译本对"夫轻诺必寡信"理解并不存在大的差异，但是用词和译法各有讲究。许渊冲将其译作"much underestimation will entail much difficulty"，即"过于低估问题必然遭遇更多困难"。辜正坤将其直译为"Light promise-giving, light promise-breaking"，即"轻易许诺就容易轻易违背诺言"。Arthur Waley 则译成"Light assent inspire little confidence"，即"随口赞成不能给别人足够的自信"，就好比你对一个孩子随口而出的"还不错"，并不能帮助他培养"信心"。我们的译本采用了常见的句法表达原文内涵之意，不拘泥于原文形式。将其译作"Those who make promises easily are rarely able to keep them."。

新说

水是什么味的？除了"淡"，我没有别的词来描述。农夫山泉有点甜？那是一句广告语。

家中的自来水是淡而无味的，农夫山泉也喝不出甜味。但除了年轻人以外，大多数人在口渴时首先想到的还是"白水"。

那么吃无味的菜又如何？因为已经习惯了菜的咸、香、辣，一旦出现水煮菜，我们一定会觉得索然无味难以下咽。可是，用老子的标准来衡量，无味其实也是味的一种啊！

生活又何不如此呢！本来生活平平淡淡，可是是非非却总来捣乱，以至于无事生非。不过也算是给生活平添了一份乐趣。平淡无味的日子你喜欢吗？

由此联想到生活的不易。每天都在与困难作战，每天都在为应付琐事烦心，每天都在琢磨是否被别人忽悠。罗一笑事件传遍了网络，恐怕始作俑者也没有料到几天不到该帖就通过微信朋友圈传遍了大江南北同时引发了质疑，包括我。后来证明果然又是炒作！这个世界怎么了？以后谁还会相信打着慈善的旗号来做事的人呢？

《道德经》中有许多关于做人、做事、做官的精辟阐述。学习它，从中可以汲取有益的思想养料，从而提高自己的人文素养和精神境界。

一、做人要大气

1. 立身淳厚，抛弃虚华。老子首先提出了要大气做人。"是以大丈夫处其厚，不居其薄；处其实，不居其华"。(《三十八章》)

2. "善下"，学江海为"百谷之王"。老子认为，大气做人，就应该向"江海"学习。"江海所以能为百谷王者，以其善下之，故能为百谷王。是以圣人欲上民，必以言下之；欲先民，必以身后之。是以圣人处上而民不重，处前而民不害。是以天下乐推而不厌。以其不争，故天下莫能与之争"。(《六十六章》)

3. 上善若水。老子认为，最高尚的品德就像水一样：守柔、不争、处下。"上善若水，水善利万物而不争，处众人之所恶，故几于道。"(《八章》)

4. 曲则全，枉则直。老子还认为，大气做人，要受得住委屈，经得起冤枉。他说："曲则全，枉则直"。《二十二章》同时，还要以德报怨。"报怨以德"《六十三章》)，"和大怨必有余怨，安可以为善？天道无亲，常与善人"(《七十九章》)。

二. 做事要细处着眼、小处着手

老子认为，"大小多少。图难于其易，为大于其细。天下难事必作于易，天下大事必作于细"。(《六十三章》)

1. 成就事业必须从小事做起。老子说："合抱之木，生于毫末；九层之台，起于累土；千里之行，始于足下"。(《六十四章》)

2. 持之以恒，目标始终如一。老子说：慎终如始，则无败事。(《六十四章》)

3. 不自见、不自是、不自伐。老子认为，"不自见，故明；不自是，故彰；不自伐，故有功；不自矜，故长"《二十二章》

4. 贵身。老子提出：贵以身为天下，若可寄天下；爱以身为天下，若可托天下。(《十三章》)

三. 为官要廉洁

老子认为，从政做官必须与众不同，首先应着重提高品德修养这个做人的根本。

1. 自律。老子说，"不欲以静，天下将自正"。（《三十七章》）

2. 不积。老子提倡，"圣人不积，既以为人，己愈有；既以与人，己愈多。天之道，利而不害；圣人之道，为而不争"。（《八十一章》）

3. 见素抱朴，少私寡欲。老子认为，"祸莫大于不知足，咎莫大于欲得。故知足之足，常足矣"。（《四十六章》）

4. 推功揽过。"受国之垢，是谓社稷主；受国之不详，是为天下王"。（《七十八章》）这也就是人们所说的推功揽过。

第六十四章

无为无失

原文

其安易持，其未兆易谋；其脆易泮，其微易散。为之于未有，治之于未乱。合抱之木，生于毫末；九层之台，起于累土；千里之行，始于足下。为者败之，执者失之。是以圣人无为故无败，无执故无失。民之从事，常于几成而败之。慎终如始，则无败事。是以圣人欲不欲，不贵难得之货，学不学，复众人之所过，以辅万物之自然而不敢为。

注释一

1. 持：保持。

2. 泮（pàn）：散、解。

3. 毫末：细小的萌芽。

4. 累（lěi）土：堆积的土。

5. 几：几乎。

6. 复：修复、补救。

英译

No Interference, No Loss

It is easy to maintain the situation when it is stable,

and it is easy to plan an event when there is no sign of it.

Things are easy to dissolve when they are fragile;

and things are easy to lose when they are subtle.

Get ready before things happen.

Make preparations for a disaster that is to occur.

The big tree grows from the tiny bud;

the nine-storey platform is built from a small pile of soil;

the journey of thousands of miles starts from the first step.

Those who act indiscriminately will meet failure,

and those who hold something by force will ruin it.

Therefore, the sages do not do whatever they want to,

and so they do not meet failure.

Because they do not cling to anything,

they do not suffer losses.

In doing things, they always fail on the verge of success,

so when things are almost finished,

they should be as careful as they were at the beginning,

and in this way, they can do everything.

Therefore, the sages with the divine law pursue

what others do not pursue,

desire for nothing that is hard to obtain,

learn what others do not learn,

remedy the mistakes often made by others,

and follow the nature of all things without intervention.

注释二

1. "千里之行，始于足下"的英译

"千里之行，始于足下"是一个耳熟能详、朗朗上口的名句，表达了"远大的目标必须从眼前脚踏实地的小事做起"。我们来看看各大译本对这个名句的译法有何不同：许渊冲译作"A thousand-mile journey begins with the first step."。辜正坤译作"A journey of a thousand li starts from beneath one's feet." 采用了完全的直译手法，保留了原文特色，将千里之"里"译为拼音"li"。Arthur Waley 则译作"The journey of a thousand leagues began with what was under the feet.", Arthur 在用词上与众不同的是千里之行中的"里"译成了"league", "league"是古代测量距离的单位"里格", 一里格等于4.8公里，这个用词虽然要保留古文之风貌，实在是太偏僻了。我们的译本"the journey of thousands of miles starts from the first step.", 与许渊冲译本不同的是我们的"千里之行"译作"the journey of thousands of miles", 因为我们理解的千里并不指具体的一千里，而是"千里之遥，极远"的行程。

2. "不贵难得之货"的英译

我们理解的"不贵难得之货"意为"不稀罕难以得到的货物"，故译作"desire for nothing that is hard to obtain"。许渊冲的译文表述为"he never values what is hard to get", 即"不看重难以得到的东西"。辜正坤译作"desire not rare goods", 即"不渴望稀有难得的物品"。而 Arthur Waley 则从商品经济立意，将其译作"set no store by products difficult to get", 即"不看重难以获得的商品"。以上四个译本，虽然用词不同，终究殊途同归。

新说

有言道：兵马未动粮草先行，不打无准备之仗。虽然现在不怎么打仗了，但绝不能掉以轻心。在安定的时候要想到动乱，在灾祸未来时要做好预案，把

灾祸消灭在萌芽状态。不论是治国还是治家，都要遵循这个原则。也许这也是国人喜欢储蓄的理由之一吧？防患于未然，未雨绸缪也是同样的道理。

在这样一个浮躁的社会，能够踏实做事已经变得愈发不易，能坚持"慎终如始"则更为艰难，但等看到别人因为不放弃而功成名就，便只能羡慕忌妒恨了。无论时代如何变化，不受外界诱惑，坚持自己的追求，学习自己喜欢的东西，总有一天会有收获。学习不是为了显摆，追求不是为了张扬。读书是为了思考，思考是为了复过，复过是为了无失。实践证明，凡能成就一番事业的人往往异于常人。他的追求，他的执著，是一般人所不能理解的。

"千里之行，始于足下"，是劝诫人们不要好高骛远，而要脚踏实地。很多人想一口吃个胖子，幻想一夜暴富，结果大多是"为者败之"。

本章所讲的道理无论对治国还是做人均大有裨益。相对动荡的世界，中国貌似安宁，但对某些敌对势力的反华动作，我们不得不有所准备，最好趁其未成势而灭之。针对西藏、新疆以及台湾问题，中央肯定早有预案，所以我们看到，达赖一有动作，中央马上就会有反制措施。美国利用南海问题大做文章，图谋遏制中国，相信中央也早有对付之策，只是不能像某些愤青建议的那样：针锋相对，鱼死网破，以致影响中华民族全面复兴之大计。

第六十五章

淳朴治国

原文

古之善为道者，非以明民，将以愚之。民之难治，以其智多。故以智治国，国之贼；不以智治国，国之福。知此两者亦稽式。常知稽式，是谓"玄德"。「玄德」深矣，远矣，与物反矣，然后乃至大顺。

注释一

1. 明：知晓巧诈。

2. 愚：敦厚、朴实，没有巧诈之心。

3. 智：巧诈、奸诈，而非为智慧、知识。

4. 贼：伤害。

6. 稽（jī）式：法式、法则。

7. 反：相反。

8. 大顺：自然。

英译

Rule the State with Honesty and Simplicity

In ancient times,

people who did things according to the laws of nature taught the people to be honest and simple rather than cunning and deceitful.

It is difficult for the ruler to govern the people

because the latter use too much ingenuity.

Therefore,

governing the state with ingenuity is bound to endanger the state,

whereas governing the state without ingenuity is the well-being of the state.

Understanding the two models of governing the state

falls in line with the divine law.

Frequent thinking of the two models is known as the mysterious virtue,

which is profound and endless,

and it is often different from something concrete,

so that it can be well adapted to nature.

注释二

1. "古之善为道者，非以明民，将以愚之"的英译

有许多人对老子的"愚民"有些误解，所以在英文译文中也可见一斑，比如 Arthur Waley 将"古之善为道者，非以明民，将以愚之"译为"In the days of old, those who practiced Tao with success did not, by means of it, enlighten the people, but on the contrary sought to make them ignorant."，即"古代那些善用道者不用道去开化民众，而是努力使民众无知"。许渊冲将此句译作"The ancients who followed the divine law would not enlighten the public mind, but simplify it."，即"古代那些善用道的人，不是去启迪开化民众，而是使他们变得简单"。辜正坤译作"Those ancient men of the profound Tao did not use Tao to enlighten the people, but used Tao to make them simple."，即"古代有道的人不以道开化人民，而是用道使人民淳朴简单"。我们的译文"In ancient times, people who did things according to the laws of nature taught the people to be honest and simple rather than cunning and deceitful." 即"古代善于按自然规律做事的人，不是教导人民智巧伪诈，而是引导人民淳厚朴实"。

2. "与物反矣，然后乃至大顺"的英译

我们对这句的理解是"和具体的事物往往不一样，这样才能极大地顺乎于自然。"英文译作"it is often different from something concrete, so that it can be well adapted to nature."。许渊冲译作"help all things develop naturally without his interference."，即"帮助所有事物自然发展，不加干涉"，而"与物反矣"并没有直译出来。辜正坤译作"Running counter to concrete things. At their extremes there is the most complete conformity to nature."，即"与具体事物相反，在其尽头与自然完全同一"。Arthur Waley 译作"That can follow things back...all the way back to the Great Concordance."，即"跟随事物，一直回到完全的调和、同一"。

新说

"古之善为道者，非以明民，将以愚之"中的"愚"字意为"使之变笨"吗？老子赞成实施愚民政策吗？那为什么老子不同意国家对其子民施教以达到"明民"之目的呢？所以，我觉得这句话这样解释更合理：不是把"道"的原理讲解给民众让其明白，而是以身作则，让民众明白什么样的行为才是正确的。

要读懂《道德经》，应该回到作者所在的年代，站在他的角度去思考这个问题。

周朝后期，战乱不断，治理国家实属不易。大家各为其主，各行其是，既没有君主的一统天下，又没有如现今西方的民主体制。在这样一个混乱的局面里，没有统一的指导思想怎么能服众并引领百姓以达到天下大治呢？这个时期，百家争鸣、百花齐放不利于国家统一安定，所以必须让民众回归纯朴，统一思想，齐心协力，治国建国，才能兴国强国。

老子的"以智治国，国之贼。"让我想到了两个人。一个是权谋老祖鬼谷子，另一个是智慧之神诸葛亮。两个人都是我们心中可望不可即的偶像派大师。我们暂且不论两个人的智谋权术，只问：老子当年的论断是否是有所指呢？

当下的中国安定、富强，但现在的中央电视台经常播放一些防骗的公益广告，说明眼下骗局层出不穷。例如：庞氏投资、E 租宝、快鹿、零团费旅游、保健品骗局、成功学、气功、绿豆养生、各类传销、网络诈骗以及王林、胡万林、张悟本之流所谓大师等。遗憾的是，中央台提供的这些防骗招数总是落后于骗子的伎俩。由此，我觉得，骗人和防骗是一对矛盾。这对矛盾似乎永远无解，因为人们追求至多完全是出于自己的本性，而骗子总是占据了主动的地位，以各种技巧诱惑人上当。这也算是"民之难治，以其智多"的一个例证吧。

但是，中国要想进一步发展，还必须调动一切能调动的积极因素，发挥全体民众的聪明才智，才能让中华民族永远保持强大。某种意义上讲，治国之策也应该与时俱进。

第六十六章

善下成王

原文

江海之所以能为百谷王者，以其善下之，故能为百谷王。是以圣人欲上民，必以言下之；欲先民，必以身后之。是以圣人处上而民不重，处前而民不害。是以天下乐推而不厌。以其不争，故天下莫能与之争。

注释一

1. 百谷王：百川狭谷所归附。

2. 上民、先民：都是统治人民的意思。

3. 重：累、不堪重负。

4. 害：伤害。

英译

A Ruler Takes a Lower Position

Seas can become the king of all rivers

because they are in low places.

If the sage wants to take the lead,

he must show humility to the people when he talks,

and put his own interests behind theirs.

Therefore,

although the sage with the divine law is ranked above the people,

they do not feel a burden;

although he leads and rules the people,

they do not feel victimized.

People all over the world are pleased to support such a leader

because he does not contend with them,

and as a result, no one in the world can contend with him.

注释二

1. "欲先民，必以身后之"的英译

对"欲先民，必以身后之"的英译存在着直译和意译之分。许渊冲采用直译手法，译作"If you want to go before them, you must learn to stay behind in person."。辜正坤的译本"if one wants to be the ruler of the people, one must put himself behind the people"，即"如果你想统治人民，必须将自己置身在人民后面"，前半部分意译，后半部分直译。Arthur Waley 译作"In order to guide them, he must put himself behind them."，译法和辜正坤相似。我们的译本则完全采用意译法，让读者直接准确把握译文的意思——"if the sage wants to take the lead, he must put his own interests behind theirs"。即"如果圣人想要领导人民，他必须将自己的利益置于人民的利益之后"。

2. "是以圣人处上而民不重"的英译

我们对这句话的理解是"有道的圣人虽然地位居于人民之上，而人民并不感到负担沉重"，因此译作"although the sage with the divine law is ranked above the people, the people do not feel a burden"。许渊冲的译作"when the sage is high above, the people do not feel his weight.", 即"圣人高高在上, 人民感觉不到他的重量"。辜正坤译作"Thus the sage, though being placed high over the people, never burdens the people.", 即"尽管圣人高高在民之上, 却从不给民负担"。Arthur Waley 译作"Only thus can the Sage be on top and the people not be crushed by his weight.", 即"只有这样圣人才能高于人民之上, 而人民不会被圣人的重力压垮"。四个译本在意义理解上基本一致, 翻译手法上有所不同。

新说

水往低处流, 故能成江海; 人往高处走, 故能成谷王。水不争可以入江海, 但是, 人如果不争能成就王吗? 事实上, 不要说一个朝代的创立者, 就是某个朝代"王"的继任者, 也非争不可才能成王的。

在我看来, 本章主要讲了如何做一名好官。首先, 一位领导, 或者一名官员, 一定要学会礼贤下士, "必以言下之, 必以身后之"。由此我忽然明白了一件事。记得当年游行队伍中爆发出"毛主席万岁!"声音的时候, 毛主席以"人民万岁!"作为回应。我还理解了他的题词: "为人民服务"。我们经常听到有的官员说, "人民是我们的衣食父母, 干部是人民的公仆。"个中缘由从老子的"以其不争, 故天下莫能与之争"主张中不难发现。

令我疑惑不解的是, 老子总是在描述一种理想的境界。这让我想到了"乌托邦"。真有异曲同工之妙! 但对百姓而言, 是不是有画饼充饥之嫌呢?

第六十七章

我有三宝

原文

> 天下皆谓我道大，似不肖。夫唯大，故似不肖。若肖，久矣其细也夫！我有三宝，持而保之。一曰慈，二曰俭，三曰不敢为天下先。慈故能勇；俭故能广；不敢为天下先，故能成器长。今舍慈且勇；舍俭且广；舍后且先；死矣！夫慈以战则胜，以守则固。天将救之，以慈卫之。

注释一

1. 肖：相似。

2. 唯：因为。

3. 三宝：三件法宝，或三条原则。

4. 俭：啬，保守，有而不尽用。

5. 器长（zhǎng）：器，指万物。万物的首长。

6. 且：取。

英译

I Have Three Treasures

People all over the world say that

my divine law is too magnificent to look like anything specific just because it is great.

If it is like anything specific,

the divine law will appear to be very small.

I have three treasures to hold on to and preserve:

the first is called kindness,

the second frugality,

and the third is my unwillingness to take the lead in the world.

If you have kindness,

you can be brave;

if you govern the state with the spirit of frugality,

you can naturally expand the state;

if you are unwilling to take the lead in the world,

you will become the leader of all things.

Now if you abandon kindness and pursue courage,

abandon frugality and pursue generosity,

abandon concessions and strive for the first,

you are doomed to fail.

If you cherish the soldiers as your own children,

you can win the battle and your status can be firmly established.

If heaven wants to save someone,

it will protect him with kindness.

注释二

1. "天下皆谓我道大，似不肖"的英译

对这句话，我们的理解是："天下人说'我的道'太宏伟，不像任何具体事物的样子。"，所以译文亦然："People all over the world say that my divine

law is too magnificent to look like anything specific", "大"取词"magnificent",
并且使用了读者熟悉的"too…to…"结构。许渊冲将其译作"All the world say
my divine law is great, and there is nothing like it"。辜正坤的译作"The whole
world says that my Tao is great, resembling nothing concrete."。Arthur Waley 译作
"Every one under heaven says that our Way is greatly like folly.",即"天下人说
我们的道极其像华而不实的东西",将"大,似不肖"用一个词"folly"来表
达了,这个词相对来说非常生僻,理解思路也和以上三家区别较大。

2. "一曰慈,二曰俭,三曰不敢为天下先"的英译

这句话的不同译本在英文取词上各有讲究。许渊冲将其译作"the first
one is magnanimity, the second one is frugality, and the third is humidity to the last
of the world."。辜正坤译作"The first is mercy; the second is thrift; the third is
unwillingness to take the lead in the world"。Arthur Waley 译作"The first is pity,
the second, frugality; the third, refusal to be foremost of all things."。我们译作"the
first is called kindness, the second frugality, and the third is my unwillingness to take
the lead in the world.",尤其在"慈"的取词上, 四家之言各有不同。

新说

我一直在想,老子的道德经与现在微信上的心灵鸡汤区别在什么地方? 老
子的主张有什么高明之处呢?

读罢此章,我有点开窍了。老子的道德经讲的是大道理,所以,听起来不
是那么具体、可操作的样子;而心灵鸡汤都来源于当下生活,文字大都口语化,
所以非常容易理解。但是,如果"道"也像是心灵鸡汤,那么它就显得非常渺
小了。我的意思是说,《道德经》的伟大就在于它的抽象与难解。为什么? 肯
定是限于当时的环境与条件。

我以为,本章主要告诉我们如何做人、如何做官、如何做王。第一,"慈

故能勇"。要与人为善，爱兵如子，广交朋友。第二，"俭故能广"。要廉洁奉公，朴素敦厚。第三，"不敢为天下先，故能成器长"。要谦虚，视民众利益高于一切。

此三宝，实为养生之道、处世之道、为人之道、治国之道。做到了"慈"，就会深受众人爱戴；做到了"俭"，既能应对不时之需，又能助他人一臂之力，建立广泛的人脉；凡事不做出头鸟，既避免了遭人嫉恨，保全了自己，又能分享战果，坐享其成，何乐不为？

第六十八章

不争之德

原文

善为士者，不武；善战者，不怒；善胜敌者，不与；善用人者，为之下。是谓不争之德，是谓用人之力，是谓配天古之极。

注释一

1. 士：武士。这里作将帅讲。

2. 不与：不争、不正面冲突。

3. 天古：自然。

4. 极：标准、道理。

英译

The Virtue of Non-contention

Generals who are good at leading troops

do not show their courage easily;

those who are good at fighting

do not get angry easily;

those who are good at defeating the enemy

do not give them any chance;

and those who are good at employing people

show humility to them.

This is called the virtue of non-contention,

or the ability of employing others,

which is in accordance with nature,

and it is the best way for ancient sages to settle conflicts.

注释二

1."善为士者，不武"的英译

许渊冲将"善为士者，不武"译作"A good warrior is not violent"，即"一个好的武士不好暴力"。辜正坤译作"He who is good at being a commander does not display his bravery."，即"一个擅长做将领的人不逞勇。"。Arthur Waley 译作"The best charioteers do not rush ahead"，即"最好的战车驾驭者并不冲在前头"。我们将该句译作"Generals who are good at leading troops do not show their courage easily;"即"善于带兵打仗的将帅，不逞其勇武"。由以上译本可见，译者对这句话的理解不同，英语译文遣词造句也大不相同。

2."善胜敌者，不与"的英译

许渊冲将"善胜敌者，不与"译作"a good victor will not yield."，即"胜利者不屈服"。辜正坤译作"He who is good at defeating his enemy does not brace himself for a tough battle."，即"擅长制敌的人不打无胜算之战"。Arthur Waley 译作"The greatest conqueror wins without joining issue"，即"伟大的征服者未动刀剑即能取胜"。本书译作"those who are good at defeating the enemy do not give them any chance;"，即"善于胜敌的人，不给敌人任何机会"。由此可见，不同译本最大的分歧在于对"不与"意义的不同理解。

新说

坐天下的人往往不是冲锋陷阵的将军。被冲动迷住了头脑盲动出战的人常常会失败。游击战、运动战，帮助毛泽东从胜利走向胜利。

刘邦之所以能赢项羽，不是因为他本人率兵能打得过后者，而是因为他启用了张良、韩信等人才。

就是在和平年代，能成就一番事业的精英也必须善于团结、使用、管理、引领各类人才。无论是马云、任正非，还是李嘉诚、盖茨，给人的印象都是温文尔雅，颇具将帅风度。

美国的特朗普能否是一个例外？这伙计看上去好斗、易怒、喜欢挑衅。没正式上台就开始与中国争来争去，治国的第一原则是"美国优先"。他的许多手下也是坚定的鹰派人物，喜欢挥舞制裁的大棒，公然与世界上许多国家唱对台戏，不知能落得什么结局。

本章论述了如何做一名领导、如何带兵、如何处理人与人之间的矛盾。所谓不武，意思是要稳，不能逞强好胜；所谓不怒，就是要控制自己的情绪，以免冲动；所谓不与，就是不给敌人以机会；所谓配千古之极，意思是，不争是符合自然的道理，是古代圣人处理矛盾最好的方法。

第六十九章

哀者必胜

原文

用兵有言："吾不敢为主，而为客；不敢进寸，而退尺。"是谓行无行；攘无臂；扔无敌；执无兵。祸莫大于轻敌，轻敌几丧吾宝。故抗兵相若，哀者胜矣。

注释一

1. 为主：打仗时的主动攻势。

2. 为客：打仗时的被动防守。

3. 行无行：前一个"行"，读 xíng，行动；后一个"行"读 háng，行列。

4. 攘（rǎng）：举起。

5. 扔：对抗。

6. 兵：兵器。

7. 抗兵相若：意为两军相当。

8. 哀：闵、慈。

英译

The Aggrieved Side Will Win

The strategist once said,

"I dare not take the initiative to attack,

but take the defensive;

I dare not advance an inch,

but would rather step back a foot."

He means

to have an array by showing no array,

to lift one's arms by showing no arm to lift,

to face the enemy by showing no enemy to attack,

and to hold weapons by showing no weapons to hold.

No disaster is greater than under-estimating the enemy,

Under-estimating the enemy costs almost my treasures.

Therefore, when two armies of similar strength are at war,

the aggrieved side will win.

注释二

1. "行无行，攘无臂，执无兵，乃无敌"的英译

对该排比结构理解不同导致各译本对"行无行，攘无臂，执无兵，乃无敌"翻译相去甚远。许渊冲译作 "marching without advancing, raising arms without striking, holding when there is no weapon and striking when there is no enemy"，虽然译文结构和用词都很简单，但是意义表达会让人费解 "holding when there is no weapon（没有武器的时候，握着武器？）and striking when there is no enemy（没有敌人的时候，打击敌人？）"。Arthur Waley 译作 "to march without moving, to roll the sleeve, but present no bare arm（卷起袖子，并展示武力）; the hand that seems to hold, yet had no weapon in it; a host that can confront, yet presents no battle-front.（人可交锋，但不在战场）"。从以上译文分析可见，许渊冲和 Arthur Waley 的译本表达的意义基本相同。辜正坤译作 "to deploy battle array by showing no battle array（通过不展示阵列的方式布阵）; to wield one's arm to attack by showing no arm to lift（通过不举起臂膀的方式振臂攻击）; to face the enemy by showing no enemy to attack（以无视敌人的方式面对敌人）"。本书译作"to have an array by showing no array, to lift one's arms by showing no arm to lift, and to hold weapons by showing no weapons to hold." 我们的译文在意义理解上与辜正坤相近，在用词上比其他版本更易于读者理解。

2. "故抗兵相若，哀者胜矣"的英译

人们常说的"哀兵必胜"正是出自"故抗兵相若，哀者胜矣"，其意是说"两军实力相当的时候，遭受损害的一方可以获得胜利。"本书译作"Therefore, when two armies of similar strength are at war, the aggrieved side will win."。许渊冲译作"When the two fighting forces are equal in strength, wronged side win the victory（受委屈的一方赢得胜利）."。辜正坤译作"This is why the sorrow-laden side wins when two armies are at war."，即"两军交战，悲伤的一方胜出。"，译文中没有"两军实力相当"的翻译。Arthur Waley 译作"Therefore when armies are raised and issues joined it is he who does not delight in war that wins."，即"当两军相接，剑拔弩张的时候，不以战争为乐的一方取胜"，其对"哀兵"的理解确实与众不同。

新说

"为主"等同于有主见，等同于有目的。有目的则会因贪而行事，结果往往是不好的，如希特勒。"为客"则等同于无主见，无依靠。无依靠，则会谨慎行事，则不会有不良的结果。反客为主，以退为攻，始终把握战争的主动权，这才是赢得战争的关键，如二万五千里长征。

狭路相逢，勇者胜。两强相遇，勇者胜。"抗兵相若，哀者胜"，是因为

哀者已经遭受了损害所以不会再轻敌，还因为"祸莫大于轻敌"。

战略上蔑视对手，战术上重视对手，知己知彼，不打无准备之仗。这是共产党战胜国民党的法宝。

国际形势风云变幻。与冷战时期相比，战争的阴云一刻也没有散去，反而多了一些热点，保不住哪天闹出大动静。中国养精蓄锐几十年，偶尔也露出獠牙恐吓一下潜在的对手，但多数时候还是忍让，惹得无数愤青恨不能把普京抬到中国来当统帅。其实，局势与前景是难以把握的，沉不下心的领袖如何能把控一个拥有十三亿人口的大国？相信国家的智囊团里也不会是一些酒囊饭袋，也绝对不会都是些吃里爬外的蛀虫！

第七十章

知我者希

原文

> 吾言甚易知，甚易行。天下莫能知，莫能行。言有宗，事有君。夫唯无知，是以不我知。知我者希，则我者贵。是以圣人被褐而怀玉。

注释一

1. 君：主体、主宰。此处引申为根据、根本。

2. 不我知：宾语前置，就是"不知我"。

3. 则：法则。此处用作动词，意为效法。

4. 被褐（pī hè）：被，穿着；褐，粗布。

5. 玉：美玉。此处引申为知识和才能。

英译

Few People Understand Me

What I say is very easy to understand and implement,

but no one in the world can understand it and put it into practice.

People do not understand me

because they don't understand the truth that

a theory should have basis and source,

and to solve a problem,

they should grasp the principal contradiction.

Few people can understand me

and fewer people can act according to my theory.

Therefore, the wise sage always wears plain clothes

but in fact he carries beautiful jade with him.

注释二

1. "言有宗，事有君"的英译

对这句话翻译上的差别主要反映在理解上的差异。许渊冲将"言有宗，事有君"译作"My words show what I worship; my deeds show whom I serve."，即"我的语言表明我的信仰，我的行动表明我为谁效力。"。辜正坤译作"Words must be purpose-oriented. Deeds must be reasonably grounded."，即"说话要有明确的目的性，做事必须要有合理的依据。"。Arthur Waley 译作"But my words have an ancestry, my deeds have a lord;"，即"我的言辞可以溯源，我的行为为主效忠"，带有明显的直译特征。本书译作"a theory should have basis and source, and to deal with things, they should grasp the principal contradiction."即"理论要有根据和来源，处理事情要抓住主要矛盾。"，我们认为这个译法抓住了原文的内在含义。至此，四个译本存在四个不同的视角。

2. "知我者希，则我者贵"英译

各大译本对前半句"知我者希"理解和翻译基本一致，差异主要集中在后半句"则我者贵"。许渊冲译作"Few people understand me, so I am all the more valuable."，即"理解我的人少，因此我就变得更加可贵。"辜正坤译作"Those who understand me are few; those who can follow advice are even less."，即"懂我的人少，能采纳我的建议的人更少。"Arthur Waley 译作"Few then understand me, but it is upon this very fact my value depends.", 即 "少有人理解我，但这正是我的价值所在之处。"。本书译作 "Few people can understand me and fewer people can act according to my theory." 即 "能理解我的人很少，那么能按照我的理论行事的人就更难得了。"比较以上四个版本，我们的版本和辜正坤的在理解上还是很相近的。

新说

社会上很多人体验过怀才不遇的感觉。有的人是真有才，而有的人可能高估了自己。由此记起了《古文观止》中韩愈的文章。文中描写了他本人去求见当朝官员而不受待见的情景。韩愈的文章大气磅礴，但每当读到那样的语句我都为作者不值。

在任何朝代，任何国家，能决定大事的都是官员而非文人、商人，所以一个人再有本事但不受重用也只能呵呵了。不过话又说回来，像韩愈这样的天才为什么要为五斗米折腰呢？此处不留爷自有留爷处。处处不留爷，我就去创业。与世无争不难做到吧？关键是能否"放"得下欲求。

我发现，老子也有自己的困惑，本章就提到了"天下莫能知，莫能行"。为什么呢？因为"知我者希，则我者贵"，那又是为什么呢？因为圣人"虽然怀里揣着美玉但总是穿着粗布衣服"。如果看不出来是圣人来，一般人是不会接受他的。由此我想到，千里马常有而伯乐不常有。另外，我还想到，待人接物不能以貌取人，否则就错过了与圣人、高人接触的机会。

另外，"言有宗，事有君"也可以这样理解，理论要有根据和来源，处理事情要抓住主要矛盾。很多理论要深入探讨，才能知道其珍贵。

第七十一章

圣人不病

原文

知不知，尚矣；不知知，病也。圣人不病，以其病病。夫唯病病，是以不病。

注释一

1. 知不知：知道自己有所不知。

2. 尚：通"上"，高明。

3. 不知知：不知道却自以为知道。

4. 病病：把缺点当作毛病。第一个"病"是动词。

英译

The Sage Does Nothing Wrong

It is wise to know that you do not know everything.

It is bad to think you know when you do not know.

The wise sage has no shortcomings

because he regards them as faults.

Therefore, he will not make any mistakes.

注释二

1. "知不知，尚矣"的英译

各大译本对"知不知，尚矣"的理解基本一致，译法和用词却各有区别。许渊冲译作"It goes to know what you do not know."。辜正坤译作"Knowing one's ignorance of certain knowledge is the best attitude"，即"知道自己对某些知识是无知的是最好的态度。"Arthur Waley 译作"To know when one does not know is best."即"知道自己不知道什么是最好的"。本书译作"It is wise to know that you do not know everything."，表达简单达意。

2. "圣人不病，以其病病"的英译

各大译本对这一句的理解基本一致，唯一不同的就是遣词造句上存在差异。许渊冲译作"Since you know what is wrong, so you will not be wrong"，即"你既然知道问题出在哪里，你就不会犯错"。辜正坤译作"The sage is of no shortcoming, because he considers shortcoming as shortcoming"，即"圣人没有缺点，是因为认识到了自己的缺点。"Arthur Waley 译作"Only he who recognizes this disease as a disease can cure himself of the disease."，即"只有他承认自己有病，才能将自己医治好。"本书译作"The wise sage has no shortcomings because he regards them as faults."即"有道的圣人没有缺点，因为他把缺点当作毛病。"我们的译本和辜正坤的译本相似，用词取意尽可能忠实于原文。

新说

本章理解起来稍微有些困难，因为读起来感觉有些绕口，有些词的词性因位置不同而发生了变化。不信？你读一下试试？

"知不知，尚矣；不知知，病也；圣人不病，以其病病；夫唯病病，是以不病。"

　　本章的主旨，我认为应该包括以下几点。第一，知识是无限的；第二，不知是正常的；第三，无所不知是不可能的；第四，切忌自满，要虚心。

　　当今社会崇尚张扬，喜欢炒作，不喜欢有一说一、实事求是，所以有的人明明自己学问浅薄，但为了一孔之利，也要装得才高八斗；有的人明明自己没有多少钱，也要装出富得流油的样子。

　　有些人肚子里有东西但不善表达。这个时候别人就会以为你"不知"，不会认为你"尚"。如果一个人总是说自己的缺点，别人也不见得认为你是自谦，反而可能觉得你虚伪、不好相处，因为你的做法会使得别人下不来台。

　　同时，当今社会也提倡挑战自我、张扬个性、挖掘潜能，貌似逼着你成才。真应了那句话，这是一个最好的时代，这是一个最坏的时代。

第七十二章

自爱自威

原文

> 民不畏威，则大威至。无狎其所居，无厌其所生。夫唯不厌，是以不厌。是以圣人自知不自见；自爱不自贵。故去彼取此。

注释一

1. 民不畏威：威，指统治者的镇压和威慑。此句意为，百姓们不畏惧统治者的高压政策。

2. 大威至：这个威是指人民的反抗斗争。

3. 狎（xiá）：通"狭"，意为压迫、逼迫。

4. 无厌：不压迫。

5. 夫唯不厌，是以不厌：第一个"厌"的意思是压迫；第二个"厌"指厌恶。

6. 见（xiàn）：表现、显示。

英译

Those Who Respect Themselves Fear Nothing

When the people are not afraid of the oppression of the ruler,

a terrible disaster is coming.

Do not interfere with the people when they settle down,

and do not oppress the people when they make a living.

Only if the people are not oppressed can they support the ruler.

Therefore, a wise sage is self-aware but does not show off,

and he respects but does not overvalue himself.

Hence, we should abandon the latter and maintain the former.

注释二

1. "民不畏威，则大威至"的英译

对这句话的理解，不同译本还是存在明显差别的。许渊冲译作"If people fear no power, it shows that their power is great." 即"如果人们不畏惧强权，则表明他们的力量强大。"辜正坤译作"When the people are not afraid of the threatening might of the authority, the great tumult will soon ensue." 即"当人们不畏惧强权，则大的动荡即将来临"。本书译作"When the people are not afraid of the oppression of the rulers, a terrible disaster is coming." 即"当人民不畏惧统治者的威压时，那么，可怕的祸乱就要到来了。"我们的理解和辜正坤相似，也是我们多方面查证和联系上下文后的选择。Arthur Waley 译作"Never mind if the people are not intimidated by your authority. A Mightier Authority will deal with them in the end." 即"如果人民不惧怕你的权威没有关系，更强大的权威最终会对付他们。"Arthur 的译文展现了与以上译本完全不同的理解和价值取向，在此笔者无需过多评论。

2. "无狎其所居，无厌其所生"的英译

译者对这句话的理解是"不要逼迫人民使其不得安居，不要压迫人民使其不能谋生。"因此译作"Do not interfere with the people when they settle down, and do not oppress the people when they make a living." 许渊冲译作"Do not deprive them of their houses, nor interfere in their life." 即 "不要剥夺他们的住所，也不要干扰他们的生活。" 辜正坤译作 "Do not harass their living places; do not deprive them of their means of livelihood." 即 "不要骚扰他们的住所，也不要剥夺他们谋生的手段。" Arthur Waley 译作 "Do not narrow their dwelling or harass their lives;" 即 "不要限制他们的居所或者骚扰他们的生活"。四个译本对该句的理解基本一致，但是在遣词造句上存在差异。

新说

一旦百姓失去了尊严，没有了使其恐惧的东西，那他们什么事都做得出来。一个公司如此，一个国家也如此。

老板无论采用什么样的高压政策，都必须伴有相应的鼓励措施，让从业者觉得失不可得，宁愿承受高压以便换取良好的待遇。但如果只有高压，下层便会另谋高就，公司留不住人才，很快就会垮台。

一个国家必须让其百姓安居乐业，使他们有幸福感，他们才会感恩，才会安静下来不去挑战现有的制度与法规。

"民不畏威，则大威至。"实事求是地讲，这八个字，让我想到了很多。我想到了现在屡见不鲜的强制拆迁；我想到了城市限制红三轮摩托的营运导致多人没有了收入来源；我想到了农贸市场的改造导致农民地里收起来的蔬菜只能卖给菜贩子……

我相信，现在大多数人还是能够遵守政府有关规定的，一般人不是被逼无奈不会出头挑战政府。好在大多数人慢慢能够找到谋生的道路。但不管怎么说，如果官员欺人太甚、压迫过甚，我不敢说，老百姓就不起来反抗。每一个当官的都应该知道这些道理，都要尊重老百姓的利益，应该让百姓甘其食、美其服、安其居、乐其俗。

第七十三章

天网恢恢

原文

勇于敢则杀，勇于不敢则活。此两者，或利或害。天之所恶，孰知其故？天之道，不争而善胜，不言而善应，不召而自来，坦然而善谋。天网恢恢，疏而不失。

注释一

1. 敢：勇敢、坚强；

2. 不敢：柔弱、软弱。

3. 天网恢恢：天网指自然的范围；恢恢，广大、宽广无边。

英译

Heaven Spreads a Boundless Net

If you are bold and daring,

you will be killed,

and if you dare to show weakness,

you can survive.

Some have been rewarded from being courageous

but some victimized.

Who knows the reason for what heaven hates?

One may win without contending,

respond without speaking,

come without being summoned,

keep silent but make a good plan.

This is in line with the divine law.

The net of Heaven is boundless, and

no one can escape from it.

注释二

1. "坦然而善谋"的英译

各译本对这句话的理解略有差别，用词上各有所取。许渊冲译作"And silent, one may plan well."即"沉默不语更能使人很好地谋划。"辜正坤译作"To be quick in planning by acting slowly."即"动作缓慢，而快于计划。"Arthur Waley 译 作"Heaven is like one who says little, yet none the less has laid his plans."即"天如人，沉默无言，然而早已周详计划。"本书译作"keep silent but make a good plan."即"心地坦然但善于谋划"。我们的翻译简洁明了，在理解上和许渊冲的相似。

2. "天网恢恢，疏而不失"的英译

"天网恢恢，疏而不失"可以说是生活中提到坏人终归逃脱不了法律制裁时常常借用的表达。那么它在《道德经》中的意义和翻译存在怎样的不同呢？许渊冲译作"Heaven spreads a boundless net, and none escape through its meshes."即"上天撒下一张无边无际的网，没有谁能从网孔中逃出。"辜正坤译作"The net of heaven is spread wide and far. Though the mesh is largely knit, nothing can slip through the net." 即"天之网广而远，尽管网孔稀疏，却没有东西可以从这逃走。" Arthur Waley 译作 "Heaven's net is wide; coarse are the meshes, yet nothing slips through." 即"天网宽广，尽管网孔粗糙，然而没有东西可以从中逃走。"本书译作 "The net is boundless, and no one can escape from it." 即"自然的范围广大无边，虽宽疏但并不漏失。"选词简单，结构简洁，读者的受众面更广。

新说

一说是"狭路相逢勇者胜"，另一说是"识时务者为俊杰"。前者主张勇敢，后者主张退让，但细细想来两者都有其道理。或利或害，取决于当时的情景。在一个不勇敢就肯定死亡的时刻，拼一下，兴许有希望，为什么不尝试一搏呢？虽然有时候好的运气会突然降临，但好运也是为有准备的人而预备的。打仗，哪会随随便便就能不战取胜？名利，哪能轻易就会不招而来？

任何谋划都有赌的成分，关键是天时、地利、人和，还有运气。

"天网恢恢，疏而不失"，使我想起了最近的两起冤案。绝对不能说冤枉的人因为错案得到了纠正就成为幸福的人。他们的不幸，从他们被怀疑之日起就已经注定了。这些人，就是活着，哪怕是得到了一大笔补偿金，也是不幸的。但还有比他们更不幸的人，因为肯定有的冤案是永远得不到昭雪的。其中的当事人，怕永远没有出头之日了。天网疏而不失，也只是给人一线希望而已。

除了"天网恢恢，疏而不失"我们耳熟能详之外，给我印象最深的是"天之所恶，孰知其故"，令人想起冥冥之中自有天理存在。在小时候看的电影里，某位人物一旦违反了天条，自然会有五雷轰顶之祸，命不保夕。各类宗教对人的教化，本意也是如此。

正义有时迟到，但永远不会缺席。天作孽，犹可违；自作孽，不可活。若为人不知，除非己莫为，因为天理像网一样罩着整个世界，看起来有很多空隙，但报应是没有遗漏的，只不过或早或晚而已。

第七十四章

民不畏死

原文

民不畏死，奈何以死惧之？若使民常畏死，而为奇者，吾得执而杀之，孰敢？常有司杀者杀。夫代司杀者杀，是谓代大匠斫。夫代大匠斫者，希有不伤其手矣。

注释一

1. 为奇：奇，奇诡、诡异。为奇指为邪作恶的人。

2. 执：拘押。

3. 司杀者：指专管杀人的人。

4. 代司杀者：代替专管杀人的人。

5. 斫（zhuó）：砍、削。

英译

The People Do not Fear Death

Now that people are not afraid of death,

why scare them with it?

If the people are really afraid of death,

we will catch and kill those who do evil.

Then who dares to do evil?

Killing is the killer's job.

Killing instead of a killer is like cutting instead of a good carpenter.

But few people can avoid injuring their fingers if they do that.

注释二

1. "民不畏死，奈何以死惧之"的英译

对于此句，许渊冲译成"The people do not fear death. Why threaten them with it?"，把一句话翻译成两个并列的简单句，没有连接词，没有揭示出两句间的逻辑关系。Arthur Waley 译成"The people are not frightened of death. What then is the use of trying to intimidate（威吓）them with the death-penalty（刑罚）?"，句子稍长，用词稍难。辜正坤译成"When the people are not afraid of death, what is the point of threatening them with death?"，句子也稍长。可以看出，两位译者对"奈何以死惧之"的翻译，用了类似的句子"What then is the use of…?"和"what is the point of……?"，汉语意思是"……用处是什么呢？"。此外，三位译者对于"畏""惧"的翻译也不尽相同。我们则集众家之长，译成"Now that people are not afraid of death, why scare them with it?"，更易于理解。

2. "常有司杀者杀"的英译

三位译者对此句的理解基本一致。Arthur Waley 译成"There is the Lord of Slaughter always ready for this task"，把"司杀者"译成"the Lord of Slaughter（屠杀）"；特别注意的是，形容词短语"always ready for this task"作"the Lord of Slaughter"的后置定语，不要误解为错句子。许渊冲译成"It is the executioner's duty to kill."；辜正坤译成"It is the duty of a regular executioner to kill"。二位译者的翻译几乎相同，都把"司杀者"译成"executioner（刽子手）"，此词稍微生僻，其英文释义是"someone whose job is to execute criminals"。因而，我们把"司杀者"直接译成"killer"，把整句译成"It is the killer's job to kill."，岂不言简意赅？

3. "夫代大匠斫者，希有不伤其手矣"的英译

许渊冲译成"If you replace him, it's like cutting wood in a carpenter's place. How can you not wound your hand?"，用了第二人称。"希有不伤其手矣"用了疑问句形式，倒也基本符合原意。Arthur Waley 译成"Now he who tries to do the master-carpenter's chipping for him is lucky if he does not cut his hand."，把"大匠"译成"master-carpenter"，整句用了一个定语从句和一个条件状语从句，意思表达清晰，符合原意。辜正坤译成"There are few who can escape cutting their own hands when they chop wood on behalf of the master carpenter"，把"大匠"也译成"master carpenter"，但把"代"译成"on behalf of（代表）"，似乎不多见。我们译成了"Killing instead of a killer is like cutting instead of a good carpenter. But few people can avoid injuring their fingers if they do that."，更加通俗易懂。

新说

如何使得百姓怕死？只有让其过上幸福的生活，让他留恋这世界，才可能使其谈死色变。为非作歹之人，不是不怕死，而是大部分都存有侥幸心理，或者因陷入其中而不能自拔所致。其实，这才是一个真实的世界，有好人，就有坏人，有智者，就有愚人，恰如有东西南北之分。一个没有天敌的生物任其发展成为祸患，谁也收拾不了。

但刑罚不是维护社会秩序的根本。社会要安定，需要有公平的法律和正常的生活条件，提高人民生活水平才是维护生活秩序的根本。

　　一个人犯了罪,自有法律来制约他。但为什么世界上还有如此多的凶杀呢?其实,与战争相比,凶杀又算得了什么? 难道战争不是最残酷的凶杀吗? 当今的世界与古代的世界有任何区别吗? 人的残忍与无情有任何的改变吗? 哲学与宗教似乎对这个世界上的子民没有产生任何的影响啊!

第七十五章

民之轻死

原文

民之饥，以其上食税之多，是以饥。民之难治，以其上之有为，是以难治。民之轻死，以其上求生之厚，是以轻死。夫唯无以生为者，是贤于贵生。

注释一

1. 上：指统治者。

2. 求生：这里指生活享受。

3. 贤：胜过、超过。

4. 贵生：厚养生命。

英译

The People Make Light of Their Death

The people usually suffer from famine and starvation

mostly because the ruler collects too many taxes.

The people are hard to rule

because the ruler has released numerous and harsh decrees

and wished to make a difference.

The people make light of their death

because the ruler has deprived the people of all their possessions

in order to enrich himself.

Only those who make light of their own lives are smarter

than those who overvalue their lives.

注释二

1."民之饥，以其上食税之多，是以饥"的英译

三位译者对此句的理解基本一致，但译法不同。Arthur Waley 译成 "The people starve because those above them eat too much tax-grain. That is the only reason why they starve."；辜正坤译成 "The hunger on the part of the people is the result of exorbitant(过高的)taxes on the part of the ruler; thus the people are hungry."；许渊冲译成 "The people's starvation results from the rulers' over-taxation, so the people starve."。可以看出，对"饥"的翻译有名词 "starvation" "hunger" 以及相对应的动词 "starve"、形容词 "hungry"。查阅字典，hunger 是普通用词，指人体对于食物迫切需要的正常生理现象。starvation 语气比 hunger 强。指因长期缺乏食物所造成的痛苦，甚至死亡，侧重人为的灾难所致。因而，把"饥"译成 "starvation" "starve" 比较符合老子的意思。对"其上"的翻译，两位中国译者都译成 "ruler"；Arthur Waley 译成 "those above"，使人哑然。同样地，由于文化差异，他把"食税之多"直译成 "eat too much tax-grain"。我们认为"民之饥"不仅包括 "starvation（侧重人为的灾难所致）"，还包括 "famine（指因天灾人祸而引起大规模饥荒）"，而且是"民"遭受（suffer from）这样的"饥"，所以我们译成了 "The people usually suffer from famine and starvation mostly because the ruler collects too many taxes."，更契合老子的原意。

2. "民之轻死，以其上求生之厚，是以轻死"的英译

Arthur Waley 译成 "The people attach no importance to death, because those above them are too grossly absorbed in the pursuit of life. That is why they attach no importance to death."，把 "轻死" 译成 "attach no importance to death"，符合原意，但把 "求生之厚" 译成 "too grossly absorbed in the pursuit of life"，没有译出真正的含义，和原文有出入。辜正坤译成 "Making light of life on the part of the people is the result of setting too much store by life on the part of the ruler, thus the people make light of life."，把 "轻死" 译成 "make light of life"，是否理解有误？把 "求生之厚" 译成 "setting too much store by life on"。"set too much store" 是 "过分重视" 的意思，但后跟 "by life"，令人费解，不知其意。许渊冲译成 "The people make light of their death, for the rulers overvalue their own life, so the people undervalue their death."，把 "轻" 译成 "make light of" 和 "undervalue"，把 "求生之厚" 译成 "overvalue their own life"，符合原意。我们则更进一步阐释了 "求生之厚" 的含义，把整句译成 "The people make light of their death because the ruler has deprived the people of all their possessions in order to enrich himself." 一语道破 "轻死" 的原因，符合原意，而且易于理解。

新说

前些年，我国政府作出了取消农业税的决定，这一政策意义重大。须知，这个税种在中国已经存在了几千年，成为压在国民尤其是农民头上的大山。曾有言，苛政猛于虎，税负重如山，灾年饿死人，百姓齐造反。中国的百姓大都是老实人，非被逼无奈，谁也不会主动抗上，但官逼民反，民不得不反。

如果得不到百姓的支持，政府的政策是很难推广的，但领导往往以百姓没有眼光，没有大局意识为由强制执行。很多时候，官员一拍屁股走了，一个烂摊子留给了后任及百姓，这样的 "有为" 的确不如 "无为"。然而，有的领导确实具备前瞻眼光，乃一方百姓之福。

改革开放三十多年来，中国的老百姓已经不知道"饥"的滋味，而是天天琢磨如何"减肥"。政府的扶贫政策帮助许多丧失劳动能力的家庭脱贫致富，尤其是农村医保政策的实施使老百姓看到了未来富裕的希望。正因为此，老百姓才高度评价共产党中央的政策，这说明，公道自在人心。

不过，越是这种时候越不能掉以轻心。贫富差距的拉大已经强化了某些人仇视社会的心理。百姓对某些官员利用职权贪污受贿的行径更是深恶痛绝。可以肯定地说，中国不会轻易屈服于外敌入侵，但内部的腐败堕落却可能轻松搞垮一个富庶的中国。

第七十六章

兵强则灭

原文

人之生也柔弱，其死也坚强。草木之生也柔脆，其死也枯槁。故坚强者死之徒，柔弱者生之徒。是以兵强则灭，木强则折。强大处下，柔弱处上。

注释一

1. 柔弱：指人活着的时候身体是柔软的。

2. 坚强：指人死了以后身体就变成僵硬的。

3. 柔脆：指草木形质的柔软脆弱。

4. 枯槁：用以形容草木的干枯。

5. 下：劣势。

6. 上：优势。

英译

A Stronger Army May Be Destroyed

When one is alive,

his body is soft,

but becomes stiff

when he is dead.

Plants are soft and fragile

when they grow,

but become dry and haggard

when they die.

Therefore, the hard and the strong

belong to the dying sort,

and the soft and the weak

belong to the living sort.

Therefore, a strong army will be destroyed,

and a sturdy tree will be cut down.

Those who are strong are always in the lower position,

while those who show weakness, in the upper one.

注释二

1. "故坚强者死之徒，柔弱者生之徒"的英译

　　三位译者对此句的理解基本一致，只是译法不一。Arthur Waley 译成：
Truly, what is stiff and hard is a "companion of death"; what is soft and weak is a
"companion of life"。"坚强者""柔弱者"都用了"what"引导的主语从句，
无可厚非；但将"徒"译成"companion（同伴）"，似乎不妥。许渊冲译成"So
the hard and strong belong to death; the soft and weak belong to life."，没有把"徒"
译出。辜正坤译成"Thus the hard and strong is of the dying sort; the supple and
weak is of the living sort."，用"of"表示所属性质，也未尝不可。我们集众
家之长，译成"Therefore, the hard and the strong belong to the dying sort, and the
soft and the weak belong to the living sort."，更贴合原意，更易于理解。

2."强大处下，柔弱处上"的英译

三位译者对此句的理解基本一致。许渊冲译成简单句"The soft and weak have the upper hand of the hard and strong.", 用 短 语 "the upper hand（the advantage, get the jump on）" 来揭示"强大""柔弱"之间的关系。辜正坤也译成简单句"Thus the strong and big is inferior to the weak and supple.",用"inferior to（次于；劣于）"来比较两者。Arthur Waley 译成一个并列句"Truly, the hard and mighty are cast down（泄气）; the soft and weak set on high.", 但总觉得用"cast down"和"set on high"和原意有出入。我们则译成了"Those who are strong are always in the lower position, while those who show weakness, in the upper one.", 易于理解。

新说

美国是天下第一，纵横逞强，无人能敌，说灭哪个就灭了，但下场却不见得好。911 就是一个例子。想象一下生活在恐怖之下的老百姓是什么感觉？俄罗斯被称为战斗民族，也是从来示强不示弱。拳头伸出去，绝不落空，弄得老大也很恼火,却也无可奈何,但国内的经济状况不乐观,百姓的日子已不如从前。

中国往往示弱不逞强。近几年，因为美国重返亚太的做法以及日本、菲律宾的小动作，中国不得不偶尔亮剑。本来大国之器不会轻易示人，可近年来，航母，歼二零，轰二零等等杀器一个接一个露面，在振奋国民信心的同时，也的确能震慑潜在的对手。

我们不逞强，但我们不怕强；我们示弱，韬光养晦，但我们不会接受欺凌。几千年的文明，已经教会了我们大量的生存技巧。心中无敌，才能无敌于天下。

第七十七章

取余补缺

原文

天之道，其犹张弓与？高者抑之，下者举之；有余者损之，不足者补之。天之道，损有余而补不足。人之道，则不然，损不足以奉有余。孰能有余以奉天下，唯有道者。是以圣人为而不恃，功成而不处，其不欲见贤。

注释一

1. 抑：压低。

2. 人之道：指人类社会的一般法则、律例。

3. 处：有"占有"的意思。

4. 见（xiàn）：通"现"，表现。

英译

Compensate the Insufficient by Reducing the Excess

Isn't the law of nature a lot like the bending of a bow?

When the string is pulled up,

hold it down a little,

relax it when it is too full,

and strengthen it if it is not enough.

The law of nature is to reduce the excess

and compensate the insufficient.

However, the law of society is not the same.

It is to reduce the insufficient and compensate the excess.

So, who can reduce the excess to compensate the insufficient?

Only the wise sage can.

Therefore, the sage does something but does not possess it,

nor takes credit for his achievements,

because he does not want to publicize his talents.

注释二

1. "损有余而补不足"的英译

　　"损有余而补不足"是老子以辩证思维方式总结出的一条自然规律，意思是：自然的法则是损减有余来补充不足。Arthur Waley 译成 "It is Heaven's way to take from those who have too much and give to those who have not enough"，用了一对反义词 "take" 和 "give"，形象生动而且简洁明了。许渊冲译成 "In accordance with the divine law, excess shall be reduced to supplement the insufficient."，是用介词短语 "in accordance with the divine law" 作状语，"excess（过度）"作主语的被动句，而且 "补" 和 "不足" 分别译成 "supplement（增补）" 和 "insufficient（不足的）" 辜正坤译成 "So the Tao of heaven means to compensate the deficient by reducing the excess."，"补" 和 "不足" 分别译成 "compensate(补偿)" 和 "deficient（不足的）"。 "deficient" "insufficient" 这两个词都代表"缺乏,不足",但 "deficient" 强调范围更广，而且含有 "有权限" 的意思，"insufficient" 主要强调数量上的不足。"天之道" 强调 "随其自然"，所以，我们用了 "insufficient" 一词；"补" 是 "补偿"，则用 "compensate" 较好，于是，我们把整句译成了 "The law of nature is to reduce the excess and compensate the insufficient." 。

2. "是以圣人为而不恃，功成而不处，其不欲见贤"的英译

本章的末尾，老子以圣人的所作所为得出了一个结论：有道的人有所作为而不自恃功高，有所成就而不居功自傲，他不愿表现出自己的贤能。三位译者的理解基本一致。Arthur Waley 译成 "If, then, the Sage 'though he controls does not lean, and when he has achieved his aim does not linger', it is because he does not wish to reveal himself as better than others.", 前半部分句子结构似乎不太对。许渊冲译成 "So the sage gives without being the giver, and succeeds without being the successful, for he will not be better than others.", 把"为"译成了"give", 和原文有出入。辜正坤译成 "Thus the sage benefits all things without claiming to be their benefactor（恩人）; succeeds without claiming credit, because he does not want to show off his wisdom.", 把"见贤"译成 "show off his wisdom", 不甚贴切。"贤"应是"才能"的意思。我们译成了 "Therefore, the sage does something but does not possess it, nor takes credit for his achievements, because he does not want to publicize his talents.", 通俗易懂。

新说

想到了两点，一是邓小平的"让一部分人先富起来"，二是全世界的财富大部分掌握在少数人手中，以及某些人的富可敌国。

在当时的环境下，邓公的主张无可非议，而且的确起到了一定的引领作用，带动了中国的经济发展，说明这个思想是符合人性的，是对文革均贫富主张的反思，但如果因此出现贫富悬殊的情况，特别是影响到百姓的日常生活，必然导致百姓仇富，这对维护社会安定是十分不利的。所以，近些年国家执行的精准扶贫政策广受欢迎。

虽然没有精确的数字，但知道无论国内国外富可敌国的例子比比皆是。个

人比较欣赏的比尔·盖茨早已经开始通过名下的基金在世界各地散财，这倒符合道者有余以奉天下的主张。

邓小平先生还有一个主张就是摸着石头过河。改革就是创新。创新就没有经验可以借鉴。不允许试错，哪还有谁敢去创新？这与张弓射箭是一样的道理。

但社会上的确有一种现象令我百思不得其解。无论是国内还是国外，往往是富者恒富、强者恒强。这让我想到了理财上的一条规律：有钱人总是去银行或者股市大把借钱，而缺钱人总是喜欢把不多的钱存在银行挣一点利息。

第七十八章

受国不祥

原文

天下莫柔弱于水，而攻坚强者莫之能胜，以其无以易之。弱之胜强，柔之胜刚，天下莫不知，莫能行。是以圣人云："受国之垢，是谓社稷主；受国不祥，是为天下王。"正言若反。

注释一

1. 易：替代、取代。

2. 垢：屈辱。

3. 不祥：灾难、祸害。

4. 正言若反：正面的话好像反话一样。

英译

A Ruler Bears the Calamity of a State

Nothing in the world is weaker than water,

but nothing can beat water,

because nothing else can change the characteristics of water.

In some sense, the weak is better than the strong,

and the gentle is better than the hard.

Everyone in the world knows this,

but no one can put it into practice.

Therefore, the wise sage says,

"if you bear the humiliation of the whole state,

you can become the ruler of the state;

if you bear the calamity of the whole world,

you can become the king."

so right words seem wrong.

注释二

1. "弱之胜强，柔之胜刚，天下莫不知，莫能行"的英译

三位译者对此句的理解基本一致，但翻译各不相同，各有各的妙处。Arthur Waley 译成 "That the yielding conquers the resistant and the soft conquers the hard is a fact known by all men, yet utilized（利用）by none."，巧妙地把 "胜" 译成 "conquer"，把 "弱之胜强，柔之胜刚" 译成了由 "that" 引导的主语从句，从句的内容是 "天下莫不知" 的 "fact"，妙哉！许渊冲译成 "The weak may surpass the strong and the soft, may surpass the hard. It is well-known to the world, but none can put it into practice."，生动地把 "胜" 译成 "surpass"，用 "it" 代指 "弱之胜强，柔之胜刚"，是 "well-known"，比 Arthur Waley 更胜一筹的是，他把 "行" 译成 "put it into practice"，更贴合原意。辜正坤译成 "Everyone knows that the weak is more powerful than the strong, that the supple is more rigid than the hard, yet no one so far can put the knowledge into practice."，把 "天下莫不知" 前移，译成 "Everyone knows"，把 "弱之胜强，柔之胜刚" 译成了由 "that" 引导的宾语从句。为便于理解，我们则译成 "In some sense, the weak is better than the strong, and the gentle is better than the hard. Everyone in the world knows this, but no one can put it into practice."。

2."正言若反"的英译

老子在此说"正言若反"，与原文并不是割裂的，而是承接了上文所说的水的柔弱和刚强。在老子看来，人们所说的、所认定的东西，其结果恰好与事实相反，人们不能认识大智大慧，把大智大慧视作愚蠢，结果自己处在愚昧之中还自认聪明，以至于聪明反被聪明误。所以，这句话也是老子对整部《道德经》中那些相反相成的言论的高度概括。三位译者对此句的翻译也精彩纷呈。许渊冲译成"It seems wrong, but it is right."； Arthur Waley 译成"Straight words seem crooked（弯曲的）."； 辜正坤译成"Factual（真实的） words seem ironic（说反话的）."。我们则译成"Right words seem wrong."，言简意赅、通俗易懂。

新说

吃得苦中苦，方为人上人。大丈夫能屈能伸、水滴石穿以柔克刚的例子不胜枚举。这里面除了技巧的道理之外，还有毅力耐心的作用。为了长远的目标再苦再累也心甘情愿，为了长远的目标，忍辱负重，在所不辞，为了将来的成功，就必须先接受失败。想想阿里巴巴公司的初创时期，谁能预料到一个世界级公司的诞生？越王勾践卧薪尝胆、东山再起的故事更是激励了无数的人。

在日常生活中也不乏以柔克刚的事例。比如，利用女性公关可以取得事半功倍之效。女性在家庭里发挥柔性的作用可以弱化许多矛盾。相反，一个女性如果在家庭里太强势，大多导致分崩离析的结局。

第七十九章

天道无亲

原文

和大怨，必有余怨，以德报怨，安可以为善？是以圣人执左契，不责于人。故有德司契，无德司彻。天道无亲，常与善人。

注释一

1. 和：和解。

2. 左契：债权人所持的契约。古代以竹木简为契约，分左右两片，债权人执左片，故称左契。

3. 司契：古代贵族所用的管账人。

4. 彻：是周代田税法，指十一税。

5. 亲：偏爱。

英译

The Divine Law Has No Preference

Reconciliation of deep resentment will inevitably leave some hostility.

How can it be a proper way to repay resentment with virtue?

As a result, the sage keeps the receipt,

but does not use it to force others to pay their debts.

People with virtue are as tolerant as the sage with the receipt,

and people without virtue are as harsh and cunning as those tax collectors.

The divine law has no preference towards anyone

but it always helps people with virtue.

注释二

1. "和大怨，必有余怨，报怨以德，安可以为善"的英译

据此版本，辜正坤译成 "When the great enmity（仇恨）is allayed（减轻），there must be some remaining hostility, even if one requites（回报）hostility with kindness, how can that be considered perfect?"；　Arthur Waley 译成 "(To requite injuries with good deeds.) To allay the main discontent, but only in a manner that will certainly produce further discontents can hardly be called successful."。但 Arthur Waley 的译句和原文句式不太一样，把疑问句转换成了否定式的陈述句，主语是前面的不定式短语，而且用 "that" 引导的定语从句来修饰 "manner"，不太易于理解。许渊冲和本书采用的是同一种版本，译成 "Implacable（难和解的）hatred cannot be wholly appeased（平息）. Would it not be better, to return good for evil?"，符合原意。我们译成了 "Reconciliation（和解）of deep resentment（怨恨）will inevitably leave some hostility. How can it be a proper way to repay resentment with virtue?"，更易于理解。

2. "夫天道无亲，常与善人" 的英译

此句的意思是说天道对于众生一视同仁，无偏无私，无厚亦无薄，但上天又常常无意识地暗中帮助善良的人们。三位译者的理解基本一致，许渊冲译成 "The divine law is impartial, but it always favors good men."；Arthur Waley 译成 "It is Heaven's way, without distinction of persons, to keep the good perpetually supplied."；辜正坤译成 "The Tao of Heaven never shows favouritism, it always helps those who are good."。

此句中的关键词是"天道""无亲"和"与"。可以看出，三位译者对应的翻译各不相同。对于"天道"的翻译，前面章节已有论述，在此不再赘述。对于"无亲"，许渊冲译成"impartial（不偏不倚的）"；Arthur Waley 译成"without distinction（区分）of persons"；辜正坤译成"never shows favouritism（偏爱）"，各有特色。"与"在此句中是"帮助"的意思。许渊冲把"与善人"译成"favor good men"；Arthur Waley 则译成"to keep the good perpetually（永恒地）supplied"，和原文稍有出入。辜正坤译成"helps those who are good"，符合原意。我们把整句译成了"The divine law has no preference towards anyone and always helps people with virtue."，更加通俗易懂。

新说

有人欠你的钱不还怎么办？

有人总惹你生气怎么办？

有人背后说你的坏话怎么办？

看到社会不公怎么办？

在一个没有法律的社会里，只靠民众的道德观去约束自己的行为能否成功呢？我看未必，报怨以德有可能唤醒对方的良知，但对一个与社会有强烈对立意识的人来说，恐怕也是对牛弹琴。

曾记得老子是主张"报怨以德"的，但从这段话的字里行间，我觉得老子似乎也不认为这不是妥善的办法。那么消除仇怨用什么办法呢？唯一的办法就是与人为善，不积仇怨，因为仇怨一旦积累就很难消除。另外一条可行的路子就是契约，通过法律的形式来制约大家的行为，把丑话说在前头，把仇怨化解在产生之前。

掌管税费的官员收税，也是按照国家的规定去行使自己的职责，怎么能说是无德呢？他如果做一个有德之人，国家的税收如何保障呢？如果得罪人的事都不去做，这个社会还会有秩序吗？难道完全凭百姓自觉吗？

比较一下老子的"报怨以德"与孔子的"以直报怨"。孔子说：何以报德？以直报怨，以德报德。意思是：别人对你好，你肯定就要对别人好。但是别人如果欺负你，打骂你，就要还回去。对付什么样的人，就要用什么样的态度。对人善良也是相互的。

其实，人善人欺天不欺，人恶人怕天不怕。如果有怨，以德报怨也算不上完美。有矛盾及时化解，得理也饶人，和为贵才能做个好人。调和大怨不如根本上不结怨。与其伤了人之后再去道歉不如一开始就不去伤人。毕竟量大福也大，机深祸亦深。

第八十章

小国寡民

原文

小国寡民。使有什伯之器而不用；使民重死而不远徙；虽有舟舆，无所乘之；虽有甲兵，无所陈之。使人复结绳而用之。至治之极。甘美食，美其服，安其居，乐其俗，邻国相望，鸡犬之声相闻，民至老死不相往来。

注释一

1.什伯（shí bǎi）：古代兵制，十人为什，百人为伯。此处比喻极多、多种多样。

2.徙（xǐ）：迁移。

3.舆（yú）：车子。

4.乘（chéng）：坐。

5.结绳：远古时原始人没有文字，在绳上打结来帮助记忆。

英译

A Small State with Sparse Population

Make the state small and the population sparse.

Even though there are all kinds of instruments,

they are not used;

Enable people to cherish their lives without migrating far away;

although there are boats and vehicles,

people do not have to ride them;

although people are armed and equipped,

they have no place to fight

so that they can return to the natural state of old merry times.

The state is so well governed

that the people eat sweetly, dress beautifully, live comfortably and happily.

A neighboring state is within sight,

and the cries of chickens and dogs can be heard,

but people are at peace with each other from birth to death.

注释二

1. "小国寡民"的英译

这一章老子提出了自己的"理想国"模式——小国寡民。在老子的"理想国"中，没有战争，人民安居乐业，不用智能，自得其乐。老子认为，理想的国家不宜过大，人口也不宜过多。"小"和"寡"是使役动词，是"使……变小"和"使……变少"的意思。许渊冲把此句译成一个名词短语"A small state with few people"，和原文有出入。Arthur Waley 也把此句译成了过去分词短语"Given a small country with few inhabitants"做状语，和原文也有区别。辜正坤译成"The state should be small, the population should be sparse（稀少的）"，基本符合原意。我们译成了"Make the state small and the population sparse."更贴合原意。

2."民至老死不相往来" 的英译

此句话的字面意思是"大家彼此直至老死也不相往来"。三位译者的翻译基本一致，都是按字面意思来翻译的。许渊冲译成"but people will not visit each other till they die of old age."；Arthur Waley 译成"But the people would grow old and die without ever having been there."；辜正坤译成"The people of one state will never have dealings with those of another ,even if they get old and die"。但本书作者认为："老死不相往来"，除了可以看做各国民众之间不随意往来，也可以引申为不互相羡慕、索求。各自都满足于各自的生活，没有更多的欲望、诉求，不必互通有无，和平共处，自然也就平安无事。因而，我们意译成"but people are at peace with each other from birth to death."。

新说

国家，无论大小，治理的原则是一致的。如果君主不爱其臣民，不能使百姓安居乐业，不能使国家和平安宁，那他就不是一个合格的统治者。

一个国家最理想的状态莫过于国富民富国强民强，但这种境界，真正达到却十分困难。几千年来，世界纷争不断，不是大国欺负小国就是小国合起来挑衅大国，国际秩序几乎无一日安定。毫无疑问地说，人祸多于天灾。南怀瑾大师举了一个正面的例子，我也认为很难得，就是瑞士。其实，小国寡民，更容易实现真正的无为而治，国大，变强容易，但变富不易。国小，变富容易但变强不易，算是各有利弊吧。

原来一直以为，民至老死不相往来，描述的是一幅百姓关系冷淡的场景，没料到，实际却是一幅祥和安乐的画面。惭愧、惭愧，这都是我不求甚解所造成的。

第八十一章

为而不争

原文

> 信言不美，美言不信。善者不辩，辩者不善。知者不博，博者不知。圣人不积，既以为人，己愈有，既以与人，己愈多。天之道，利而不害；圣人之道，为而不争。

注释一

1. 信言：真实可信的话。

2. 善者：言语行为善良的人。

3. 辩：巧辩、能说会道。

4. 博：广博、渊博。

5. 积：积蓄，贮存。

6. 多：与"少"相对，此处意为"丰富"。

英译

A Sage Does What He Can but Contends with None

Truthful words are not beautiful,

and beautiful words are not true.

Kind-hearted people are not sweet-talking,

and sweet-talkative people are not kind-hearted.

People who are really knowledgeable do not show off,

and people who show off are not really knowledgeable.

A sage is not possessive,

but tries his best to take care of others,

thus he himself becomes richer;

While he makes efforts to give to others,

he gets more wealthy.

The law of nature is to benefit all things without harming them.

The divine law of a sage is to give

rather than contend with others for anything.

注释二

1.“善者不辩，辩者不善”的英译

对于此句的翻译，各位译者的理解基本一致。许渊冲译成“A good man need not justify himself, who justifies himself may not be a good man.”；Arthur Waley 译成“The good man does not prove by argument; he who proves by argument is not good. ”；辜正坤译成“A good man does not quibble, he who quibbles is not good.”。“善”和“辩”是此句中的关键词。对于“善”的翻译，三位译者都译成“good”。但对“辩”的翻译，三位译者各不相同。许渊冲译成“justify(替...辩护)”；Arthur Waley 译成“prove by argument”；辜正坤用了“quibble(诡辩)”一词，稍微生僻。我们则更近一步，把“善”译成“kind-hearted”，把“辩”译成“sweet-talkative”，把整句译成“Kind-hearted people are not sweet-talking, and sweet-talkative people are not kind-hearted. ”，符合了老子所要表达的意思“不善于用花言巧语来争辩的人才是完美的,其本质也是善良的”。

2."知者不博，博者不知"的英译

对于此句的意思，主要有两种理解：一是"真正的智者并不是以知识渊博为追求的，那些一味追求知识渊博的并非真正的智者。"；二是"真正有知识的人或有所知的人是不会到处炫耀和卖弄的。而那些到处宣扬无所不知的人往往没有真知真学识"。许渊冲译成"A wise man may not be learned; a learned man may not be wise."； Arthur Waley 译成"True wisdom is different from much learning, much learning means little wisdom."。很显然，许渊冲和 Arthur Waley 倾向于第一种理解。辜正坤倾向于第二种理解，译成"A man of true learning does not show off his learning, he who shows off his learning does not have true learning."。我们赞同辜正坤的理解和翻译，译成"People who are really knowledgeable do not show off, and people who show off are not really knowledgeable."。

新说

夫妻之间需要经常美言吗？仁者见仁，智者见智。一般情况下，女性是倾向于听漂亮话的，故花言巧语的男性很受欢迎，说明某些女性的确有爱慕虚荣之天性。

我们经常听到有人说《道德经》的五千个字像八十多根项链上的珍珠，不难想象出它在人们心目中的美丽，但老子的这些话又是字字真言，不由得你不信。于是乎，"信言不美，美言不信"这句话不适合于《道德经》。

老子倒是真话实说，把自己的思考毫无保留地写出来传给后世，以生活中的例证为我们论述了宇宙间的大道理。虽说有些话肯定是有所指，但《道德经》的字里行间让我们看到了一个为百姓说话的圣人。

老子是真正的智者、圣人，是当时占有知识最多的人，但现有的信息表明他只是应尹喜的要求写下了五千多字。孔子也曾求教于老子，对其弟子说老子是像龙一样的神人。倒是现在有些讲《道德经》的人，却是在靠卖弄知识吃饭，不知道他们是不是真有知识，但我发现讲台下听课的人不在少数。是忽悠者的本事大还是老子《道德经》的吸引力大呢？实在不好下定论。

老子的一句"圣人不积"，让我们认识了圣人真正的伟大之处。孔子曾言"己所不欲，勿施于人"，两者境界似乎多多少少有一点差距。

最后一句"天之道，利而不害；圣人之道，为而不争"，说出了老子哲学思想的真谛，全面总结了《道德经》的精髓，为人类生存指明了方向。

后记

　　《道德经新说》的开篇及新说部分由杨登新撰写；注释部分由杨登新、孔娟、王恩军撰写；英译由孔娟、王恩军完成，杨登新校改，外籍专家 Sean Vianello 友情润色，著名语言学专家、曲阜师范大学翻译学院院长卢卫中教授审定。

　　历经六年无数次修改，《道德经新说》终于成书，我们心中的一块大石头也怦然落地。

　　读书是一回事，写书是全然不同的另一回事。据作者所知，有些《道德经》的释本可谓云山雾罩，把读者带进了玄之又玄的状态之中，让读者感到读释本比读原本还要困难，不仅对理解《道德经》没有好处，而且极大地影响了读者的阅读兴趣。基于此，我们反复搜索、对比有关最新信息，力图提供更加准确、逻辑性更强且更适合于初学者的表达，以免为《道德经》读者带来更大的困惑。

　　力图从科学的角度讲解《道德经》是《道德经新说》的一个突出的特色。例如，关于宇宙的本源，我们引进了大爆炸、奇点等科学研究的最新成果，既帮助读者了解现代科技的进展，又能更好地理解老子的"道"之内涵。

　　《道德经新说》的另一个特色是结合西方哲学思想尤其是古希腊哲学思想来阐释《道德经》。第一章众妙之门就比较了老子的"道"与古希腊的"逻各斯"; 第二章否极泰来帮我们认识了阴阳之说与对立统一规律之间的联系; 第四章万物之宗又提及了关于世界本源的各种学说。不一而足。

《道德经新说》的第三个特色是结合古今实例。开始写作时往往有感而发, 十分担心说错话。然而, 随着研读的深入, 发现即便是按照老子的标准, 现在的中国也正走在一条正"道"上。许多国策"道法自然", 许多"无为"之举令天下"自正"。从中, 我们既看到了老子思想的博大精深, 也看到了当今领导者尊重、传承并发扬中华民族优良传统的至上智慧。

《道德经新说》的第四个特色是中英双语写作。这既是著者对国家中华文化走出去之号召的响应, 也是我们作为普通百姓为国出力的一种表示。书中特意设计了注释二, 选取了国内外三部有代表性的译作与本书的译文进行了比较并给出了详细的解释, 以期解答读者在阅读英译版本时可能出现的疑惑。

除上述四大特色之外, 还有一个作者最着力的目标, 那就是满足当下读者的心理需求。撰写时, 作者时刻考虑如何运用中外哲人的顶尖智慧来引领当今社会普通人的言行举止。

写作过程中, 尤其是英译与诠释的时候, 特别照顾了大、中学生的理解水平与接受能力及其关注点, 希望能抓住更多青年读者的眼球。这也是本书值得称道的亮点之一。

《道德经新说》, 从一个入门者的角度研读《道德经》, 尝试回答阅读起始产生的疑惑, 旨在帮助广大在校学生与中国文化爱好者准确地把握《道德经》的思想。之所以采用中英文对照的方式, 一是因为可以发挥作者的专业特长, 二是考虑到目前中国文化走出去的大趋势与必然需要, 以便为更多的外国朋友 (包括留学生) 理解《道德经》提供力所能及的帮助。

需要指出, 书中有些观点参考了网络, 而文章的原作者并不详细、明确, 所以不能一一标明出处。如果原作者认为不妥, 请谅解并联系著者修正或者删除。值此, 谨致谢忱!

　　截稿后，考虑到山东人民出版社的隋小山编辑既是难得的西哲专业出身的行家，又是合作多年的伙伴，于是决定把终稿发给他。经他的费心指点与精心策划，《道德经新说》果然上了一个新台阶。十分感谢隋编辑！

　　《道德经新说》毕竟是新手新作，个中错误、不足在所难免。诚心希望读者不吝指正，使这本书不断完善，助其在中国文化走向世界的道路上发挥应有的作用。

著　者

2020 年 1 月 24 日（除夕）

参考书目：

［1］许渊冲：《汉英对照老子道德经》，高等教育出版社，2004 年。

［2］辜正坤：《 道德经 》，中国出版集团中国对外翻译出版公司 2007 年。

［3］Arthur Waley 英文版《道德经》百度文库 https://wenku.baidu.com/view/5ab3856b81c758f5f61f67ed.html

［4］古诗文网　https://so.gushiwen.org/guwen/book_46653FD803893E4F33D126D4A6B656E2.aspx

［5］余秋雨：《文化苦旅》，长江出版传媒长江文艺出版社，2019 年。